Neue
Kleine Bibliothek 214

Wolfgang Gehrcke

Rufmord

Die Antisemitismus-Kampagne gegen links

PapyRossa Verlag

© 2015 by PapyRossa Verlags GmbH & Co. KG, Köln
Luxemburger Str. 202, 50937 Köln
Tel.:   +49 (0) 221 – 44 85 45
Fax: +49 (0) 221 – 44 43 05
E-Mail: mail@papyrossa.de
Internet: www.papyrossa.de

Alle Rechte vorbehalten

Umschlag: Verlag
Druck: Interpress

Die Deutsche Bibliothek verzeichnet diese Publikation in der
Deutschen Nationalbibliografie; detaillierte bibliografische
Daten sind im Internet über http://dnb.d-nb.de abrufbar

ISBN 978-3-89438-586-6

Inhalt

Statt eines Vorworts
Es ist der Fluch der bösen Tat, dass
sie fortwährend Böses muss gebären   7

1. Kapitel
Antisemitismus: Ein Kampfbegriff wird gemacht und benutzt   15

2. Kapitel
Jagdszenen   46

3. Kapitel
Der Experten-Bericht:
Eher Rechte als Linke neigen zu Antisemitismus   71

4. Kapitel
Streitpunkte:
Ein- oder Zwei-Staaten-Lösung, DIE LINKE und Boykott   96

5. Kapitel
Drehbuch und Ziel der Kampagne   113

6. Kapitel
Blicke in die Geschichte   139

Schlusswort
Antisemitismus-Vorwurf: Was tun?   166

Anhang   173

Statt eines Vorworts

Es ist der Fluch der bösen Tat, dass sie fortwährend Böses muss gebären

Immer weniger Menschen, Regierungen, Staaten, Politikerinnen und Politiker verstehen oder rechtfertigen gar die israelische Regierungspolitik. Jene, die an der israelischen Regierungspolitik festhalten, befinden sich meist auf der rechten Seite des politischen Spektrums. International hat sich die Netanjahu-Regierung isoliert. Selbst ihre engsten Verbündeten in den USA und Deutschland rücken von ihrer rigiden, auf Provokationen zielenden Politik ab. 135 Staaten haben Palästina diplomatisch anerkannt, nach ihrem Willen soll Palästina auch Vollmitglied der UNO werden. Auch wenn Deutschland noch zögert – Europa folgt diesem Trend. Die Regierung Schwedens hat Palästina bereits anerkannt, und die Parlamente Spaniens, Großbritanniens, Irlands, in Frankreich die Nationalversammlung und der Senat fordern dasselbe von ihren Regierungen, wenn nicht rasch eine Verhandlungslösung für zwei Staaten gefunden wird.

Letztlich zerbrochen ist die Netanjahu-Regierung im Dezember 2014 am Nationalitätengesetz. Das spaltet im Wortsinn das Land Israel. Dessen zionistischer Gründungsmythos war der eines jüdischen demokratischen Staates mit einem starken, allerdings auf Jüdinnen und Juden beschränkten, Gemeinsinn und einzelnen sozialistischen Experimenten. Nach Netanjahus Vorstellungen aber soll sich Israel als *jüdischer Staat* definieren. So würde ungefähr ein Fünftel der Bevölkerung, das nicht jüdisch ist, ausgegrenzt. Die offizielle Amtssprache in Israel soll nur noch Hebräisch sein, die bisherige zweite Amtssprache Arabisch würde aufgegeben. Das ist zu wenig für das Jetzt und es trägt nicht in die Zukunft. Die Siedlungspolitik in Ostjerusalem und im Westjordanland verhindert faktisch die Gründung eines zusammenhängenden lebensfähigen palästinensischen Staates. Ohne Stopp des weiteren Siedlungsbaus und die Rückgabe aller Siedlungen in palästinensische Hände wird kein palästinensischer Staat entstehen und damit kein Frieden. Es ist ein Dilemma der israelischen Regierungspolitik nicht erst seit Netanjahu, dass bei Durchsetzung des Siedlungsstopps und Rückgabe der Siedlungen ein Bürgerkrieg mit der extremen Rechten, vorwiegend Siedlern, droht. Die Siedler bewegen sich auf einen Zehn-Prozent-Anteil an der israelischen Bevölkerung zu. Die Besatzungspolitik und ihre Folgen reißen den Zionismus in den Abgrund. Sie ist behaftet mit dem Schillerschen »Fluch der bösen Tat, dass sie, fortzeugend, immer Böses muss gebären.«

Eine grundsätzlich andere Politik ist notwendig, nicht nur, um Frieden in der Region herzustellen und die Leiden der Palästinenserinnen und Palästinenser zu beenden, sondern auch im Interesse eines lebensfähigen israelischen Staates zum Wohl aller seiner Bürgerinnen und Bürger und deren Sicherheit. Dazu schrieb der israelische Friedensaktivist und Professor an der Universität von Tel Aviv Moshe Zuckermann vor einigen Jahren: »Schon heute darf behauptet werden, dass die individuelle Existenz des Juden in keinem anderen Land der Welt solcher Bedrohung ausgesetzt ist wie in Israel, ja dass die Gefahr, sein 21. Lebensjahr nicht zu erreichen, für einen jungen Juden in Israel größer ist als anderswo auf der Welt.«[1] Freundschaft und Solidarität erweisen sich nicht zuletzt in einer sachlichen Kritik der israelischen Regierungspolitik.

Statt nach säkularen Verbündeten in der arabischen Welt zu suchen, taumelt Israel von einem Krieg in den nächsten, auf alten türmt sich neuer Hass. Der Gaza-Krieg *Gegossenes Blei* von 2008/09 war kaum vorbei, als die israelische Armee im November 2012 die *Operation Wüstensäule* startete und schon bald wieder Bilder dieses neuerlichen

---

1 Moshe Zuckermann: Sechzig Jahre Israel. Die Genesis einer politischen Krise des Zionismus. Bonn 2009, S. 68.

Gaza-Krieges die Welt erschütterten. Vom 8. Juli bis 26. August 2014, fast 50 Tage hindurch, verwandelte die israelische Militärmaschinerie Gaza, das in unserer Hemisphäre am dichtesten besiedelten Gebiet, in eine Mondlandschaft und nannte dieses Werk der Zerstörung *Operation Fels in der Brandung*. Aus der Luft, von See und von Land prasselten Bomben, Raketen und Granaten auf Menschen nieder, die nicht fliehen können. Nach einem Bericht des UNO-Büros zur Koordinierung humanitärer Angelegenheiten (OCHA)[2] sind im Gaza-Streifen in diesem dritten Krieg 2.104 Palästinenserinnen und Palästinenser getötet worden, davon 1.462 Zivilisten, über zwei Drittel. Mehr als zehntausend wurden verletzt, davon über die Hälfte Frauen, Kinder und ältere Menschen. Besonders bedrückend ist die Zahl von 495 getöteten Kindern. Rund 1.000 verletzte Kinder werden bleibende Schädigungen zurückbehalten und benötigen dauerhaft Hilfe und Betreuung. Auf israelischer Seite wurden 69 Menschen getötet, darunter ein Kind und drei weitere zivile Personen. Ein ausländischer Bürger kam durch Raketenbeschuss ums Leben.

Diese Gewalt ist maßlos, auch im Verhältnis zum gleichfalls zu verurteilenden Raketenbeschuss israelischer Gebiete durch Dschihadisten. Mit dem Gaza-Krieg gießt Israel Öl in das Feuer des Nahost-Konfliktes in einer Zeit der gewaltsamen Auflösung von Staatlichkeit. Direkt davon betroffen ist Syrien, mittelbar der Libanon und Jordanien durch die islamistischen Mörderbanden des *Islamischen Staats* und der *Al-Nusra-Front*, bezahlt und gefördert von den Golfmonarchien Saudi-Arabien und Katar sowie von der Türkei, lange Zeit geduldet vom Westen.

Fast alle Debatten über Israel und Palästina haben einen erhöhten Pegel an Emotionalität, besonders unter Linken. Denn die politische Linke ist internationalistisch, sie ist mitfühlend, übt Solidarität mit den Schwächeren, ist für friedliche Konfliktlösung auch und gerade in komplizierten Gemengelagen. Der Israel-Palästina-Konflikt gehört mittlerweile zu den am meisten verfahrenen Konfrontationen. Uri Avnery, der große alte Mann der israelischen Friedensbewegung,

---

2   www.humanitarianresponse.info [Zugriff am 10.12.2014].

erklärte mir diese Emotionalität einmal so: Erst streiten sich Juden und Palästinenser, dann streiten sich Jüdinnen und Juden untereinander, das verläuft viel emotionaler als der erste Streit. Und dann, ergänzte ich, streiten sich Europäer über den Streit zwischen Jüdinnen und Juden und den zwischen ihnen und den Palästinensern auf einer noch höheren Skala der Emotionalität. Unterschiedlichstes mischt sich in diesen Debatten: Die historische Verantwortung, besonders in Deutschland, das schlechte Gewissen, dass die Schuld, die auf deutschen Schultern liegen müsste, auf die Schultern von Palästinenserinnen und Palästinenser abgewälzt wurde; die Sorge um Akzeptanz im eigenen Land und die Angst, in diesen Debatten als Antisemit gebrandmarkt zu werden.

Das von mir und anderen 2009 verfasste Buch *Die deutsche Linke, der Zionismus und der Nahost-Konflikt. Eine notwendige Debatte* hat viele Diskussionen ausgelöst. Aus Debatten, Rezensionen des Buches, Aktuellen Stunden des Bundestages und den Reaktionen auf den vom Innenministerium herausgegebenen Bericht *Antisemitismus in Deutschland* erwuchs die Absicht, darüber zu schreiben, wie Antisemitismus zum politischen Kampfbegriff gegen Antifaschisten und Linke umgeformt wird. In der Veröffentlichung von 2009 wie auch in diesem Buch war und ist es die Absicht, Bekenntnisse zu hinterfragen, die allzu oft dafür herhalten, Kenntnisse und Nachdenken zu ersetzen.

In der letzten Dekade tauchte zunächst sporadisch und vereinzelt, dann in immer rascherer Folge und immer weitere Kreise ziehend der Vorwurf auf: Die politische Linke und die Partei DIE LINKE hätten zumindest antisemitische Tendenzen, sie seien in Teilen oder gar im Ganzen antisemitisch. Zunächst traf dieses Stigma einzelne, so Attac oder Günter Grass, dann kritische Wissenschaft, fortdauernd und immer wieder die Partei DIE LINKE, bis es inzwischen im politischen und publizistischen Mainstream verankert ist. DIE LINKE kann einfach mal nebenher mit größter Selbstverständlichkeit als antisemitisch bezeichnet werden, als ob diese Charakterisierung zu den gesicherten Tatsachen gehörte, in deren Kanon es mehr noch durch diese unwidersprochene Wiederholung als durch brüllende Aufregung im Einzelfall eingehen soll. Das liest sich bzw. hört sich dann so an, wie Unionsfraktionschef Volker Kauder am 10. Dezember 2014 im *Deutschlandfunk*-Interview über die Beteiligung der SPD an der rot-rot-grünen Thüringer Landesregierung: »Es ist ja absurd, dass diejenigen, die mit einer Partei, die zum Teil antisemitische Tendenzen hat, die noch immer nicht endgültig mit ihrer Vergangenheit aufgeräumt hat, die noch immer verschweigt, wo sie das Vermögen der SED gebunkert hat, dass man der zum Erfolg verhilft und uns ermahnen will, dass wir nichts mit der AfD zu tun haben wollen.«[3] Das sattsam bekannte PDS-LINKEN-Sündenregister kann einfach dahin gesagt werden, und kein Moderator hakt nach oder widerspricht gar. Gleichzeitig ist der Kauder-Satz bemerkenswert. Soll der Eindruck erweckt werden, DIE LINKE habe ein Antisemitismus-Problem, um sie für jede Zusammenarbeit mit SPD und Grünen, welcher Art auch immer, zu disqualifizieren? Oder soll vielleicht mit dem Antisemitismus-Vorwurf gegen links der genaue Blick auf die politische Rechte getrübt werden?

Gerade in diese Richtung ist genaues Hinschauen bitter notwendig. Doch die Aufregung etwa um die NSU-Morde währte nur kurz. Die politische Klasse zeigt keine nachhaltige Erschütterung angesichts der Tatsache, dass ein neofaschistisches Terrornetzwerk brandschatzend und mordend durch das Land ziehen konnte. Und kein ernsthafter Wille ist spürbar, die Verquickung von Geheimdienst und rechter Gewalt gründlich aufzuklären. Auch Pegida beschäftigte Medien und etablierte Politik nur, solange viele tausend Menschen, vor allem in Dresden, auf die Straße gingen. Als sich die Gemeinschaft der angeblich so besorgten Europäer selbst zu zerlegen begann, wurde es still um sie. Dabei ist ihr dumpfer Rassismus noch da und nur vorübergehend – wieder – von der Straße an den Stammtisch zurückgekehrt. Es sind außerparlamentarische Bewegungen, antifaschistische und linke Kräfte, die sich beharrlich und couragiert mit der braunen Seite Deutschlands auseinandersetzen und die Erkenntnis wach halten: Faschismus ist keine Meinung, sondern ein Verbrechen!

Weil Antifaschismus als Überzeugung und Tat grundlegend für

---

3   Volker Kauder, Interview, unter: www.deutschlandfunk.de [12.12.2014].

ihr Selbstverständnis und ihre Geschichte ist, trifft es Linke ins Mark, wenn ihnen Antisemitismus vorgeworfen wird. Antisemitismus zum politischen Kampfbegriff gegen Antifaschisten und Linke umzuformen, ist eine so ungeheuerliche Verdrehung der Tatsachen und der politischen Geschichte und so absurd, dass sie eigentlich keinerlei Rolle spielen dürfte. Vor und während der Nazizeit galten Linke, Demokraten, Sozialisten und Kommunisten allemal, es galten Intellektuelle, bildende Künstler, Schriftsteller, Musiker, Theaterleute als *verjudet* – und das nicht nur in der Rechtsaußenpropaganda, auch im Alltagsbewusstsein. Dass dieses Stigma in den letzten Jahrzehnten genau in sein Gegenteil verkehrt worden ist, dass namentlich Linke jetzt nicht mehr als *verjudet*, sondern als *antisemitisch* gelten, gibt zu denken. Geschieht das zufällig oder spontan oder sind dahinter planende Köpfe und Netzwerke erkennbar?

Der politische und publizistische Mainstream duldet die Stigmatisierung nicht nur stillschweigend, er ist vielmehr Täter in diesem üblen Spiel. Die Verkehrung des Begriffs Antisemitismus zielt nur vordergründig zunächst auf Linke; sie trifft schon jetzt die gesamte politische Kultur, die politischen Erkenntnisse und Standards, die sich mehrere Generationen seit dem Zweiten Weltkrieg in schwierigen Auseinandersetzungen erarbeitet haben. Das personifiziert neben anderen und doch herausragend Günter Grass. Ausgerechnet ihm wurde 2012 Antisemitismus vorgeworfen! Dem Intellektuellen, der sich noch vor den Auschwitz-Prozessen, als noch die Lebenslüge der frühen Bundesrepublik galt, niemand habe etwas von den Nazi-Verbrechen gewusst und nur wenige seien daran beteiligt gewesen, in seiner 1959 erschienenen »Blechtrommel« mit dem Nazismus literarisch auseinandersetzte und gegen das kollektive Verdrängen antrommelte. Günter Grass und anderen Antifaschisten Antisemitismus vorzuwerfen, ist versuchter Rufmord. Damit sollen Aufklärer und Mahner, Aktive gegen Rassismus und Antisemitismus delegitimiert, moralisch diskreditiert und politisch und gesellschaftlich isoliert werden. Wer den Begriff Antisemitismus seines Inhalts beraubt, relativiert zugleich das historisch einmalige Menschheitsverbrechen der industriellen Massenvernichtung der europäischen Jüdinnen und Juden.

Linke können und wollen die Verbrechen des deutschen Faschismus nicht aus ihrer individuellen und kollektiven Geschichte streichen. Für sie ergibt sich eine doppelte Verpflichtung: zum einen über den Charakter, die Ursachen, die Profiteure und Mitläufer des deutschen Faschismus aufzuklären, zum anderen, die Erinnerung an seine Millionen Opfer wach zu halten und Mitgefühl mit ihnen zu fördern.

Unter der Nazi-Diktatur hatte nicht nur der Antisemitismus mörderische Folgen, sondern auch die anderen Erscheinungsformen des NS-Rassenwahns, der sich gegen die slawischen Völker, gegen Sinti und Roma richtete und auch gegen als *lebensunwert* oder *minderwertig* klassifizierte Deutsche. Opfer des Nazi-Hasses wurden abertausend Kommunisten, Sozialdemokraten, Christen und Pazifisten und unzählige Menschen aus verschiedensten Ländern, die sich gegen den Krieg, gegen die deutsche Besatzung und Ausplünderung ihrer Länder und gegen die NS-Ideologie wehrten. Doch bleibt der millionenfache, industriemäßig organisierte Mord an den Jüdinnen und Juden mit dem Ziel der Ausrottung eines ganzen Volkes, initiiert durch deutsche Täter, bekämpft von zu wenigen Widerständigen, akzeptiert von Mitläufern, geduldet von einer schweigenden Mehrheit ein einzigartiges Menschheitsverbrechen.

Bis tief in die 1960er Jahre wurden in Westdeutschland die Verantwortung der deutschen Großindustrie und der Banken für Faschismus, Krieg und Holocaust wie auch die Mitverantwortung der Mitläufer verschwiegen und, ohne dass sie je aufgedeckt worden wären, unter den Teppich gekehrt. Diese Schlussstrich-Mentalität nicht zugelassen zu haben, ist ein großes Verdienst kritischer Faschismusforschung, der Beharrlichkeit von Organisationen der Widerstandskämpfer im In- und Ausland, Initiativen gegen rechts, von Dokumentationszentren und Gedenkstättenarbeit, von Richtern und Staatsanwälten in der DDR und vereinzelt auch in der BRD. Ihnen allen gebührt besonderer Dank. Wie viel Mut und Zivilcourage waren nötig, um die Mauer des Schweigens zu durchbrechen!

Heute sind die NS-Verbrechen nicht mehr zu leugnen, und Linke und andere Antifaschistinnen und Antifaschisten nehmen das unendliche Leid, das Jüdinnen und Juden zugefügt worden ist, bewusst wahr, sie verschließen ihre Augen nicht vor dem albtraumhaften Entsetzen angesichts der grauenvollen Bilder von Auschwitz als Inbild des Menschheitsverbrechens. Keine Definition des Antisemitismus kann dieses Entsetzen fassen. Trotzdem ist das Bemühen um analytische und begriffliche Schärfe nötig, ganz besonders dann, wenn mit dem Vorwurf des Antisemitismus Schindluder getrieben wird.

Ich danke Kritikerinnen und Kritikern, Kolleginnen und Kollegen des Bundestages, Freundinnen und Freunden, die mich bei dieser Publikation beraten haben, insbesondere Christiane Reymann. Sie hat mich motiviert, am Thema festzuhalten, ohne ihre Unterstützung und Gründlichkeit wäre das vorliegende Buch nie fertig geworden.

1. Kapitel

Antisemitismus: Ein Kampfbegriff wird gemacht und benutzt

Die Begriffe, die man sich von was macht, sind sehr wichtig.
Sie sind die Griffe, mit denen man die Dinge bewegen kann.
Bertolt Brecht

Der Begriff des Antisemitismus wurde nicht nur durch den Geschichtsverlauf, sondern auch durch seine Verwendung im politischen Raum in seinen inhaltlichen Facetten, seinen Funktionen und seiner emotionalen Ausstrahlung verändert. Nach 1945 war er unauflösbar mit dem Völkermord an den europäischen Jüdinnen und Juden verbunden; es konnte nicht mehr allein darum gehen, rational und wissenschaftlich über den Antisemitismus als Vorurteil aufzuklären, sondern er musste als inhumane Haltung und mörderische Politik bekämpft werden. Insofern wurde der Begriff auch ein Kampfbegriff in der politischen Auseinandersetzung mit Judenhass, Judenverfolgung, Judenmissachtung, Judendiskriminierung.

Die Westintegration der Adenauer-Republik mit ihrer Rehabilitierung der für Faschismus, Judenverfolgung und Judenmord verantwortlichen gesellschaftlichen Eliten sowie von NS-Funktionsträgern, darunter aufs Schwerste belastete Einzelpersonen wie Hans Globke, erforderte ein Arrangement mit dem Staat Israel. Dazu gehörte eine, wenn auch vordergründig genug angelegte, offizielle Abkehr vom Antisemitismus. Von nun an war er amtlich tabuisiert und galt im gesamten öffentlichen Bereich als verpönt. Insofern gab es von jetzt an eine offizielle politische Absage an den Antisemitismus – neben dem fortbestehenden Kampf im Dienst von Aufklärung und Humanität. Die Waffen hier und dort sind unterschiedlich, fast gegensätzlich: Während erstere sich des Tabus, der Gegenaufklärung, der ausgrenzenden Diskriminierung, also der sozialen Intoleranz bedient, ist letzterer auf die Mittel der Vernunft und des rationalen Diskurses – und nur auf diese – angewiesen. Da der alte Antisemitismus in den seelischen und gesellschaftlichen Untergrund abgedrängt wurde, musste der Kampf gegen ihn ebenfalls in den Untergrund gehen – musste ihn dort identifizieren und brandmarken, um ihn so den sozialen Sanktionen gegen Tabubruch auszuliefern. Der alte, rassistische Antisemitismus musste sich nach 1945 »verkleiden« und demzufolge als *sekundärer Antisemitismus* entziffert, demaskiert werden.

Dieser sekundäre Antisemitismus speist sich aus Gefühlen der Scham und der Abwehr des Eingeständnisses, Schuld an den NS-Verbrechen gegenüber den Juden zu tragen: Erinnerungsabwehr- bzw. Schuldabwehr-Antisemitismus. Erkennbar wird er in der Forderung, die seit langem breite gesellschaftliche Zustimmung findet, unter die NS-Zeit und ihre Verbrechen einen Schlussstrich zu ziehen; oder in Argumentationen, in denen Juden eine Mitschuld am Holocaust zugesprochen oder das Ausmaß der Nazi-Verbrechen kleingeredet wird. Auch die Kritik an der materiellen Entschädigung für die jüdischen Opfer gehört in dieses Spektrum des sekundären Antisemitismus. Doch da er zumeist der Öffentlichkeit verborgen und im diffusen Licht des Tabus bleibt, ist er umso gefährlicher. Dieses Zwielicht ist das Feld, in dem der Antisemitismus-Begriff verkehrt und umgedreht werden kann und zu einem Kampfbegriff wird gegen Aufklärung, gegen Humanität, gegen Menschenrechte, in dem er paranoide Züge annimmt, selbst zum giftigen und mit Leidenschaft besetzten Vorurteil wird. Demzufolge versteckt sich der heimtückisch verkleidete Antisemitismus beispielsweise hinter Kritik an israelischer Staatspolitik, wobei der Staat Israel zur Verkörperung jüdischer Geschichte und jüdischen Lebens wird. Als Kampfbegriff unterstellt der Begriff des Antisemitismus, dass die Politik des Staates Israel gegenüber den Palästinensern, seine Kriege, sein Agieren im weltweiten und historischen Kontext Inbegriff des Jüdischen seien.

Das Beschönigen von Sachverhalten ist wie das Benennen und Besetzen von Begriffen eine der verbreiteten Methoden, um in der Öffentlichkeit die eigene politische Position mehrheitsfähig zu machen. Beschönigung – das ist auch die dunkle Seite der Political Correctness, die einen Sachverhalt begrifflich aus der Welt zu schaffen versucht, dessen Existenz im diffamierenden und unkorrekten Begriff noch erkennbar ist; sie ist eine sanfte Art der Tabuisierung. »Wir kommunizieren nie unschuldig. Die politische Sprache ist ein Kampf mit Wörtern um Wörter. So lässt sich Deutungshoheit über Sachverhalte gewinnen, um die öffentliche Meinung zu beeinflussen,« schreibt der Kommunikationsberater Vazrik Bazil. Für die Funktion des »neu Benennens«, mit dem »eine neue Realität aus der Taufe« gehoben werde solle, führt er ein aktuelles Beispiel an: Der Begriff des *christlich-jüdischen Erbes* des Abendlandes werde von den deutschen Regierungsoffiziellen seit einiger Zeit gern im Munde geführt, als hätte es im Abendland keinen Jahrhunderte langen Antisemitismus gegeben und keine deutschen Vernichtungslager, in denen Abermillionen europäischer Juden ermordet wurden. Dieser Begriff will nicht nur die schändliche Vergangenheit vergessen machen, sondern ist zugleich gegen den Islam gerichtet. Bei der »Besetzung« von Begriffen werden diese neu gedeutet und wird ihr »Inhalt (Denotation) samt emotionaler Ausstrahlung (Konnotation) neu definiert«[4] Es reicht aber nicht, die Begriffe neu zu besetzen und zu deuten, sie müssen mit Hilfe politischer und Medienmacht durchgesetzt werden; und das geschieht auch, wenn diese Begriffe geeignet sind, in sozialen oder politischen Konflikten die gegnerische Seite zu demaskieren, delegitimieren und verächtlich zu machen. Aus Begriffen als Mitteln der Analyse werden so – oft moralisch besetzte – »Kampfbegriffe«.[5]

---

4 Vazrik Bazil: Politische Sprache. Zeichen und Zunge der Macht, in: Aus Politik und Zeitgeschichte, Nr. 8/22.2.2010, S. 4. Bazil ist Kommunikationsberater, Dozent und Publizist.

5 Das betrifft auch Begriffe wie Ausbeutung, Imperialismus, Kolonialismus, Rassismus. Ursprünglich als Begriffe der wissenschaftlichen Analyse genutzt, wurden sie auch als moralisch konnotierte Kampfbegriffe genutzt. Es ist notwendig, zwischen diesen beiden Funktionen zu unterscheiden. Natürlich verfügt auch die Gegenseite über ihre Kampfbegriffe: Überfremdung,

Politisch-wissenschaftliche Aufklärung, die gegen das »Zitierkartell« des Mainstreams agieren muss, der sich beschönigter oder besetzter Begriffe bedient, hat es schwer, »querliegende Informationen, laute wie leise Kritik oder insistierende Debatten« gegen »festgefügte Normalitätsstandards« ins gesellschaftliche Bewusstsein zu bringen, »einsickern« zu lassen; so Wilhelm Heitmeyer, Leiter des Bielefelder Instituts für interdisziplinäre Konflikt- und Gewaltforschung in seiner »Bilanz nach zehn Jahren«[6] Vorurteilsforschung.

Mit Sprache und Begriffen wird Macht ausgeübt. Um die Dimensionen dieser Art von Machtausübung zu verdeutlichen, soll hier ein Aspekt der Kolonialgeschichte ins Gedächtnis gerufen werden, der bis heute nachwirkt: Die intellektuelle Kolonisierung durch die Sprache der Kolonialherren. Sprache diente als wichtiges Unterdrückungsinstrument des »weißen Mannes«. In diesem Kontext erinnert Avraham Burg, der ehemalige Knesset-Sprecher, in seiner Auseinandersetzung mit der israelischen Regierungspolitik an Frantz Fanon, dem er das Verdienst zuspricht, als Erster auf diese Bedeutung der Sprache hingewiesen zu haben. Fanon habe aufgezeigt, dass die Sprache des weißen Mannes »in ihren Nuancen die tief verwurzelte Überzeugung zum Ausdruck bringt, dass Schwarze minderwertig und böse seien, und die Vorstellung weißer Überlegenheit stärkt«. Ähnliches, so Burg, betrifft auch Juden, »die Jahrhunderte lang als minderwertig galten«. Burg führt diesen Gedanken sogleich mit der selbstkritischen Ergänzung fort: »Aber wir dürfen nicht ignorieren, dass die moderne hebräische Sprache verharmlosende, beschönigende Begriffe benutzt, um eine arrogante, gewaltprägende und sogar rassistische Einstellung zum arabischen Feind zu kaschieren.«[7]

Rassendurchmischung, Untermenschen, asiatische Horden, gelbe Gefahr – und Antisemitismus usw. Diesen Kampfbegriffen von rechts fehlt die analytische Seite, sie sind aber oftmals mit Vorurteilen oder Euphemismen bzw. Mystifikationen beladen.

6   Wilhelm Heitmeyer (Hg.): Deutsche Zustände. Folge 10, Berlin 2012.
7   Avraham Burg: Hitler besiegen. Warum Israel sich endlich vom Holocaust lösen muss, Frankfurt a. M. / New York 2009, S. 75. Burg war Berater von Shimon Peres, Vorsitzender der Jewish Agency und Sprecher der Knesset.

Antisemitismus – eine begriffliche Annäherung

Antisemitismus ist Bestandteil der in Deutschland herrschenden Vorurteilsstrukturen, die unterschwellig Denken und Verhalten beeinflussen. Deshalb ist die Tabuisierung derartiger Vorurteile – auch mit Mitteln der Political Correctness – falsch, geradezu schädlich. Linke sind von ihrem Selbstverständnis her verpflichtet, auch eigene Vorurteile zu hinterfragen und zu bekämpfen. Vorurteile, die eng mit der Diskriminierung, Missachtung oder Verachtung von bestimmten Gruppen von Menschen verknüpft sind, die nach ihrer angeblichen Rasse definiert werden, sind als Rassismus zu bezeichnen. Der Antisemitismus ist eine Variante des Rassismus: Sie richtet sich gegen Juden, die sie als eigene »Rasse« definiert. Genauer wäre hier von einem rassistischen Antisemitismus zu sprechen. Denn es gab und gibt auch einen religiösen Antisemitismus oder Antijudaismus, der sich auf das Gruppenmerkmal der religiösen Orientierung bezieht. Und es gibt einen kulturellen oder sozialen Antisemitismus, der sich weder auf die angebliche Rasse noch auf die Religion, sondern auf meist zugeschriebene kulturelle und soziale Eigenschaften beruft. Da aber in jedem Fall das spezifische Merkmal als für die Gruppe verallgemeinerbares und endgültiges unterstellt wird, kann der Begriff des Rassismus für diese Art von bösartigen und menschenverachtenden Vorurteilen weiter verwendet werden.[8] Für ein derart erweitertes Verständnis von Rassismus kann auf die von dem tunesisch-französischen Soziologen Albert Memmi ausgearbeitete, vorläufige Begriffsbestimmung zurückgegriffen werden: »Der Rassismus ist die verallgemeinerte und verabsolutierte Wertung tatsächlicher oder fiktiver Unterschiede zum Nutzen des Anklägers und zum Schaden seines Opfers, mit der seine Privilegien oder seine Aggressionen gerechtfertigt werden sollen.«[9]

---

8   Vgl. Albert Memmi: Rassismus, Frankfurt a. M. 1987, S. 72 ff. Der Schriftsteller und Soziologie Memmi, 1920 in der damaligen französischen Kolonie Tunesien geboren, hat in zahlreichen Werken die Fragen von Dekolonisation, Rassismus und Emigration untersucht.

9   Ebd., S. 164 f.

Vier »wesentliche Elemente der rassistischen Einstellung« werden von Memmi mit dieser Definition benannt. Sie lassen sich auf den Antisemitismus anwenden:
1. Nachdrückliche Betonung von tatsächlichen oder fiktiven Unterschieden zwischen dem Antisemiten und seinem Opfer.
2. Wertung dieser Unterschiede zum Nutzen des Antisemiten und zum Schaden seines Opfers.
3. Verabsolutierung dieser Unterschiede, indem sie verallgemeinert und für unwandelbar erklärt werden.
4. Legitimierung einer – tatsächlichen oder möglichen – Aggression oder eines – tatsächlichen oder möglichen – Privilegs.

Eine derartige Begriffsbestimmung ist hier sinnvoll, um analytische Grenzen zu ziehen zwischen Rassismus oder Antisemitismus einerseits und anderen Formen menschenverachtender Einstellungen oder Haltungen. Diese Bestimmung ist »vorläufig«, weil wichtige Dimensionen von Antisemitismus ausgeblendet bleiben, wie zum Beispiel die Frage nach seinen Ursachen, die Identifizierung der ihn antreibenden Motive und Ziele, die Qualität seiner Ausdrucksformen, die Differenz von individuellem oder sozial beziehungsweise politisch organisiertem Antisemitismus, die Frage nach angemessenen Formen des Kampfes gegen ihn und – eng damit verbunden – die Bedeutung des spezifischen historischen und politischen Kontextes, in dem er auftritt und wirkmächtig wird. Antisemitismus ist eine Erscheinungsform jener weit verbreiteten menschenverachtenden Einstellungen, Haltungen oder Aktivitäten, aufgrund derer Gruppen von Menschen als ungleichwertig, minder- oder höherwertig angesehen und behandelt werden und ihnen in Worten und Taten gleiche Lebensrechte abgesprochen werden. In Europa hat der Antisemitismus eine Jahrhunderte alte, böse Tradition, in Deutschland aber seine grauenvollste, mörderischste Ausprägung im Völkermord der Nazis an den Juden Europas gefunden.

Rassismus ist nur eine, wenn auch besonders bösartige und menschenverachtende Variante von Vorurteilen. Umgekehrt kann der Vorwurf, der Andere sei ein Rassist oder Antisemit gleichfalls ein Vorurteil sein, aus dem Ausgrenzung (Aggression, Repression) folgt. Auch der – schon seit der Adenauer-Zeit den latenten und verdrängten

Antisemitismus überlagernde und verdeckende – offizielle Philosemitismus[10] und die bundesdeutsche staatsdoktrinäre Israelfreundschaft können dazu führen, Kritiker als »Antisemiten« zu stigmatisieren; wer gegen die Norm verstößt, wird zum Anderen, und die Anderen werden zu Feinden. Der Philosemitismus schafft und begründet zudem eine Hierarchisierung von Opfergruppen des Nazi-Rassenwahns, bei der etwa die als »slawische Untermenschen« kategorisierten Bürgerinnen und Bürger der Sowjetunion oder Sinti und Roma oder Homosexuelle, Menschen mit Behinderungen oder Widerstandskämpfer zu Verfolgten und Leidenden minderen Grades werden. Aus der mörderischen Geschichte Nazi-Deutschlands Schlussfolgerungen zu ziehen heißt, alle Menschen in ihrer Verschiedenheit zu respektieren, gleiche Rechte, gleiche Würde, gleiche Ansprüche auf ein Leben in körperlicher und geistiger Unversehrtheit und auf bestmögliche Förderung aller ihrer humanen Möglichkeiten nicht nur zu akzeptieren und zu fordern, sondern dazu beizutragen, dass die materiellen Voraussetzungen dafür geschaffen werden.

In Deutschland wurden nach 1945 Rassismus wie Antisemitismus zu Kampfbegriffen. Wer sie definiert, bezieht immer zugleich Position und verfolgt Interessen. Dazu fünf Fallbeispiele aus jüngerer Zeit:

Fall 1: Attac, das raffende und das schaffende Kapital

Am 15. Februar 2003 demonstrierten über eine halbe Million Menschen in Berlin gegen den drohenden (den dritten) Irak-Krieg. Das – bislang letzte – große Aufbegehren der Friedensbewegung in

---

10   Wie der Antisemitismus hält der Philosemitismus Juden für etwas Besonderes. Im Gegensatz zum Antisemitismus zeichnet sich der Philosemitismus durch eine besondere (interessierte, mitfühlende), oft aus Scham und Schuldbewusstsein gespeiste Hinwendung zu jüdischem Leben, jüdischer Kultur und zum Staat Israel, der fälschlicherweise als Synonym für Judentum aufgefasst wird, aus. Die – philosemitisch begründete – unbedingte Solidarität mit dem Staat Israel kennzeichnet heute die politische Strömung der »Antideutschen«.

Deutschland nahmen Funk, Fernsehen und Printmedien zum Anlass, vor dem *Antiamerikanismus* der Protestierenden zu warnen und, wie das *Bündnis gegen Antisemitismus (BgA),* vor dem fließenden Übergang von Antiamerikanismus zu Antisemitismus. Geprägt sei die Demonstration, so das *BgA* in einem Flugblatt, »vor allem durch eine gefährliche Mischung aus Antiamerikanismus und politischer Naivität. So war auf Transparenten und Schildern einerseits das ganze Arsenal des antiamerikanischen Ressentiments zu finden: der Wille zur Weltherrschaft, die Stilisierung des amerikanischen Establishment zu blutrünstigen Kriegstreibern, die Identifizierung der USA mit Geld und kaltem Interesse ...«[11] Ein »diffuser Friedensbegriff«, so das *BgA* weiter, mache »in Verbindung mit antiamerikanischen Feindbildern« die Bewegung »ohne große Mühe anschlussfähig an rechtsextreme und antisemitische Denkmuster«. Hier wird die gedankliche Verknüpfung vorgenommen, die in den kommenden Jahren zum Basiswissen des politischen Mainstreams werden wird: Antiamerikanismus/Antikapitalismus = »anschlussfähig« an rechtsextrem/antisemitisch.

Zunächst wird diese Formel gegen Attac gewendet. In Deutschland im Jahr 2000 als Netzwerk globalisierungs- und kapitalismuskritischer Kräfte gegründet, kritisiert Attac, dass die Schere zwischen arm und reich auf nationaler Ebene und zwischen Nord und Süd immer größer werde; verantwortlich dafür seien die internationalen Finanzmärkte, deren Jongleure über Anlageentscheidungen in wachsendem Maß gesellschaftliche Entwicklungen steuerten. Sie zwingen Regierungen ihre Forderungen auf, unterminieren die Demokratie und setzen die nationale Souveränität außer Kraft. Diese Linie von Attac wird von großen Teilen der Bevölkerung geteilt. Das wäre unproblematisch, solange sie bloß eine private Meinung bliebe. Attac aber ging auf die Straße und mobilisierte Menschen. Bald wurde Attac nicht nur des Antiamerikanismus sondern auch des Antisemitismus geziehen. Das mag auf den ersten Blick als weit hergeholt erscheinen, und die

---

11 »Wider die politische Naivität« – Offener Brief des »Bündnis gegen Antisemitismus« (BgA) an die Friedensbewegung, 17.2.2003, unter: www.ag-friedensforschung.de [Zugriff am 10.12.2014].

Argumente sind krude, trotzdem wirkungsvoll. Der Vorwurf: Attac unterscheide »zwischen raffendem und schaffendem Kapital«, folge mithin einer Formel der Nazis; Attac hinge einer Sündenbocktheorie an, wonach die Banker bzw. deren Gier am Crash schuld seien. Das seien Verschwörungstheorien über das global agierende Kapital, die mühelos den antisemitischen Anschluss an entsprechende Vorstellungen des international agierenden Judentums nahelegten. Das mobilisiere Ressentiments und sei verkürzte – und deshalb ebenfalls antisemitische – Kapitalismuskritik.[12]

Methodisch werden in den kommenden Jahren Antisemitismus-Kampagnen gegen links dem Drehbuch folgen, das in der Kampagne gegen Attac zuerst erprobt wird. Aber auch die Beschuldigungen gleichen sich. Deshalb gehen wir ihnen Punkt für Punkt nach, sie sind immer noch aktuell und werden später nur um jeweils einzelne Besonderheiten angereichert.

Bezüglich Attac werden die Anwürfe, die 2003 vorgebracht werden, um die Organisation des Antisemitismus zu bezichtigen, im Oktober 2014 dazu dienen, ihr die Gemeinnützigkeit zu entziehen. »Insbesondere in unserem Engagement zur Einführung einer Finanztransaktionssteuer oder der Einführung einer Vermögensabgabe sieht das Finanzamt keinen gemeinnützigen Zweck.«[13] Als diese Auseinandersetzung begann, wies Peter Wahl, Gründungsmitglied von Attac, nicht nur zurück, dass seine Organisation jemals Begriffe wie raffendes und schaffendes Kapital verwendet habe, sondern setzte sich auch inhaltlich mit den Vorwürfen auseinander. Seine Argumente sind nach wie vor lesenswert. Wahl: »Wer sich den Antisemitismus-Begriff so zurechtmanipuliert, dass Attac und die Devisentransaktionssteuer genauso darunter passen wie Eichmann und die Gaskammern, betreibt Scharlatanerie. Und er erweist dem Kampf gegen den Antisemitismus einen Bärendienst.«

---

12   Peter Wahl: Ungeheuer von Loch Ness wieder gesichtet. »Antisemitismus« bei Attac, unter: www.attac-netzwerk.de [Zugriff am 10.12.2014]. Wahl gibt hier die antideutschen bzw. werttheoretischen Klischees wieder.

13   Frankfurter Finanzamt entzieht Attac die Gemeinnützigkeit. Jetzt erst recht: Zivilgesellschaftliches Engagement lässt sich nicht aberkennen!, 17.10.2014, unter: www.attac.de [24.2.2015].

Raffendes und schaffendes Kapital – oder: Macht sich an Antisemitismus »anschlussfähig«, wer Kapitalismuskritik »verkürzt«?

Der Antisemitismus-Vorwurf gegen links bezieht sich oftmals auf einen gegen die USA gerichteten Antikapitalismus, der eine »verkürzte« Kapitalismuskritik sei, die das antisemitisch konnotierte Bild vom »raffenden und schaffenden« Kapital heraufbeschwöre. Außerdem werde der Kapitalismus personalisiert (raffgierig), seiner Globalisierung das kleinteilige Nationale entgegengesetzt und alles mit verschwörungstheoretischen Ideen verbunden. Hierin bestehe die Anschlussfähigkeit an die Neonazis und damit auch an deren Antisemitismus.

Zur *verkürzten* Kapitalismuskritik: Die Kunst der Politik besteht darin, komplexe Zusammenhänge auf einen knappen Nenner zu bringen; das kann manchmal verkürzt sein. Diese Kritiker treibt aber nicht die Sorge um eine fundierte Kapitalismuskritik um. Sie wäre in der Tat verkürzt, wenn sie sich reduzierte auf die Karikatur eines fetten Kapitalisten, der auf einem prall gefüllten Geldsack hockt. *Antisemitisch* wäre dieses Bild aber erst, wenn der fette Kapitalist eine *Stürmer*-mäßige Physiognomie hätte, somit das *raffende* Kapital den bösen jüdischen Kapitalisten, das *schaffende* hingegen den guten (genetisch oder religiös als wertvoller definierten) nicht-jüdischen Kapitalisten zugeordnet würde. Das ist üble antisemitische Demagogie, aber keine Kapitalismuskritik.. Für Linke ist generell die Unterscheidung zwischen *raffendem* und *schaffendem* Kapital völlig inakzeptabel.

Diese infame Charakterisierung des jüdischen Kapitalisten, die sich in ihrer Tendenz zudem gegen *alle* Juden richtet, als raffgierig und zinswuchernd propagierte Gottfried Feder. Vor 1933 war er führender Wirtschaftspolitiker der NSDAP, die mit Pseudo-Kapitalismuskritik und antisemitischen Losungen auf Stimmenfang ging. Nachdem der Faschismus, nicht zuletzt von Großunternehmen finanziert oder gefördert, an die Macht gelangt war, gab Feder – nicht anders als die Nazi-Partei selbst – zwar die pseudo-antikapitalistische, nicht aber seine glühende antisemitische Orientierung auf. Er wurde im Juni 1933 zum Staatssekretär im Reichsministerium für Wirtschaft ernannt, 1934 zum Reichskommissar für das Siedlungswesen, war dann auch Honorarprofessor an der Technischen Hochschule Berlin, 1936 beamteter außerordentlicher Professor an der Fakultät für Bauwesen der TH Berlin.

Mit einer vergleichsweise *unverkürzten* Darstellung des Begriffspaares soll hier der marxistische Münchner Wirtschaftswissenschaftler Conrad Schuhler[1] zu Wort kommen. Er stellt klar, dass Feder diese Gegenüberstellung von unproduktivem Börsen- und Leihkapital und produktivem Industriekapital von Silvio Gesell[2] übernommen hat, der den *Urzins* für das Nicht-Funktionieren des freien Wettbewerbs verantwortlich machte. »Die den Urzins erhebenden Geldbesitzer, die Wucherer, stellen die unproduktive Schmarotzerklasse dar, die auf allen produktiv Arbeitenden, den Unternehmern wie den Arbeitern und Bauern gleichermaßen, lastet.« In seiner Auseinandersetzung mit Gesells Theorie zeigt Schuhler, dass »von diesem Gesell'schen Gedankengebäude ... es nicht einmal ein Schritt zum Konstrukt der Nazis vom raffenden gegen das schaffende Kapital war. Der ›theoretische Kopf‹, der auch die eingängigen Vokabeln erfand, war Gottfried Feder, der mit Gesell in losem Kontakt stand. Für Feder geht es um die ›Brechung der Zinsknechtschaft‹, für Gesell um die Liquidation des ›Urzinses‹, in-

---

1 Conrad Schuhler: Weg mit dem »raffenden Kapital«, hoch das »schaffende Kapital«? Silvio Gesells untaugliche Läuterung der »Marktwirtschaft«, unter: www.isw-muenchen.de [10.12.2014].

2 Silvio Gesell war sechs Tage lang als Volksbeauftragter für das Finanzwesen in der Münchner Räterepublik im Amt.

dem alle Privatgeldvorräte durch behördlich verordneten Umlaufzwang ›selbsttätig‹ aufgelöst werden.« Gesell berief sich auf den französischen Ökonomen und Anarchisten Pierre-Joseph Proudhon, dessen Theorien schon Karl Marx einer vernichtenden Kritik unterzogen hatte.

Conrad Schuhler: »Da Gesell Marx direkt seinem eigenen Lehrmeister Proudhon gegenüberstellt, mag uns die Kritik weiterhelfen, die Marx im ›Kapital‹ an Proudhon übt.«[3] Nach Proudhon gehe das Leihen auf Zins zu Lasten des produktiven Kapitalisten, der für seine Produkte am Markt nur deren Wert zurückerhält. Doch, und hier zitiert Marx seinen Widersacher, »der ›verleihende Kapitalist ... empfängt nicht nur sein Kapital unverkürzt zurück; er empfängt mehr als das Kapital, mehr als er in den Austausch wirft; er empfängt über das Kapital hinaus einen Zins‹.«[4] Marx zufolge macht der Geldbesitzer jedoch sein zinstragendes Kapital, indem er es in die Zirkulation wirft, zur Ware, die den Gebrauchswert besitzt, Mehrwert, Profit zu schaffen. Der Unternehmer produziert mit Hilfe des geliehenen Kapitals Waren, die er zu einem höheren Preis als die puren Produktionskosten verkauft – und realisiert so den Profit. Conrad Schuhler: »Der Preis für die Ware Leihkapital, der Zins, den der Unternehmer zurückzuzahlen hat, ist ein Teil des erzielten Profits. Nach den Prämissen von Proudhon und Gesell dürfte es zu gar keinem Profit kommen, im Gegenteil. Die Produkte werden zu ihrem wahren Wert verkauft, die Arbeiter zahlen mit ihrer Arbeit, wie Gesell sagt, nur das zurück, was sie erhalten haben. Wo eigentlich sollen da Profite herkommen? Das Geheimnis von Mehrwert und Profit, dass nämlich die Ware Arbeitskraft mehr Wert produziert, als ihr selbst zuge-

---

3   Schuhler bezieht sich hier auf Marx / Engels Werke (MEW), Bd. 25, S. 355-358.

4   Ebd., S. 358.

> messen wird und sie als Lohn erhält, blieb Proudhon/Gesell
> verschlossen. Und mit ihm die Wahrheit, dass der Zins keine von außen auf die Wirtschaft drückende ›Urbelastung‹ ist, sondern ein Bestandteil des in der realen Wirtschaft erzielten Profits. Gäbe es in der Realwirtschaft keine Profite, wäre es mit Zinsleistungen vorbei, sobald die Vermögens- und Kapitalreserven aufgebraucht sind.«

Weitere Vorwürfe gegen Attac lauteten *Antiamerikanismus* und *Israelfeindschaft*. In die Schublade *Israelfeindschaft* passt dann alles Mögliche: Kritik an der israelischen Regierungspolitik oder an der Staatsgründung Israels oder Leugnung des israelischen Existenzrechtes ... die Unterschiede spielen schon keine Rolle mehr, denn die veröffentlichte Meinung und der Zeitgeist haben diesen Begriff besetzt und antisemitisch konnotiert. Er wurde und wird zudem zunehmend gegen jüdisch-israelische Kritiker einer Regierungspolitik eingesetzt, die den anhaltenden Landraub, die Gewalt und die Diskriminierung der Palästinenser als eigentliche Gefahr für Israels Existenz ansehen.

Die Kampagne gegen Atta*c* spitzte sich zu und zog in den Medien immer breitere Kreise. Peter Wahl in einer weiteren Veröffentlichung, der Steinbergrecherche[14]: »Die härtesten Vorwürfe in der deutschen Diskussion kommen aus dem Lager der sog. Antideutschen und deren Umfeld um die Periodika *Jungle World*, *Bahamas* und *konkret*, die sich der radikalen Linken zurechnen. Aber auch im politischen Mainstream ist der Vorwurf aufgegriffen worden, so u.a. mehrfach in der *ZEIT*, in der *WELT*, der *Stuttgarter Zeitung*, der *FAZ*, der *Jüdischen Allgemeinen* und im *WDR*. Gemeinsam mit dem American Jewish Committee führte die Heinrich-Böll-Stiftung am 23. Februar 2004 eine Veranstaltung unter dem Titel ›Ist die Antiglobalisierungsbewegung antisemitisch?‹ durch, bei der als Hauptreferenten die *Bahamas*- und

---

14 Peter Wahl: Zur Antisemitismusdiskussion in und um Attac, unter: www.steinbergrecherche.com [10.12.2014].

konkret-Autoren Uwer und von der Osten-Sacken auftraten. Sie kamen dabei zu dem Schluss, Attac sei ›notwendig und strukturell antisemitisch‹.« Wahl hielt es für erforderlich zu überprüfen, ob in Attac antisemitische Vorurteile wirkten, und die politische Funktion des Antisemitismus-Vorwurfs als antiaufklärerischen Kampfbegriff zu analysieren und aufzudecken. Für Wahl gilt: »Antisemitismus hat in Attac keinen Platz.« Auf sich selbst bezogen, haben Partei und Bundestagsfraktion der LINKEN 2011 und 2014 diese klare Aussage den auf sie gerichteten Antisemitismus-Vorwürfen entgegengehalten. Auch auf sie trifft die Warnung zu, die Peter Wahl angesichts der Attac-Attacke aussprach, sich nicht »nach dem simplen Schema ›Wo Rauch ist, ist auch Feuer‹ in die Defensive drängen zu lassen.« Denn: »Es wäre nicht das erste Mal, dass der Holocaust missbraucht wird. Erinnert sei nur an die Instrumentalisierung von Auschwitz zur Rechtfertigung des Kosovo-Krieges. Mit diesem zielgruppenspezifisch auf den Antifaschismus der Linken zugeschnittenen Politmarketing konnten damals beträchtliche Teile des emanzipatorischen Lagers für den Krieg oder zumindest seine Hinnahme gewonnen werden.«

Fall 2: Friedenswinter – Querfront mit Holocaust-Leugnern?

Mehr als zehn Jahren später, im Herbst/Winter 2014/15, werden im Kern dieselben Anschuldigungen gegen den Friedenswinter und insbesondere gegen die Montagsmahnwachen wiederholt. Zur Erinnerung: Die Montagsmahnwachen waren im Frühjahr/Sommer 2014 entstanden, sehr viele Menschen haben sich wochenlang in fast 90 Städten aus Sorge um den Gaza-Krieg, den Bürgerkrieg in der Ukraine und einen möglichen (NATO-)Krieg mit Russland montags versammelt und geredet, Menschen mit ganz unterschiedlichen Weltbildern. Mancherorts haben Rechte versucht, diese Bewegungen zu beeinflussen, auch zu dominieren, an der einen oder anderen Stelle ist es ihnen gelungen. Die Montagsmahnwachen verstanden sich als *neue* Friedensbewegung – während in Deutschland die Feindschaft gegenüber Russland aus dem *alten* Kalten Krieg wieder auflebte. Mit dem Friedenswinter entstand nach gründlichen, auch schwierigen Diskussionen von *alter* Friedensbewegung und Personen aus der *neuen* ein Dach für gemeinsame Aktionen und Demonstrationen. Im Dezember 2013 setzten zum ersten Mal seit Jahren wieder mehrere tausend Demonstrierende und Protestierende Zeichen gegen einen drohenden Krieg in Europa. Am Friedenswinter nahm aber nicht *die* Friedensbewegung als Ganzes teil, auch unterstützte nicht *die* Partei DIE LINKE die Aktionen, engagiert haben sich zunächst lediglich Teile der Friedensbewegungen und Teile der LINKEN-Mitgliedschaft.

Diese Aktiven, namentlich die von den Montagsmahnwachen, wurden mit den inzwischen bekannten Anklagen belegt sie redeten vom *raffenden und schaffenden Kapital,* von der Gier der Banker und der ökonomischen und politischen Macht der Finanzmärkte, beförderten damit Verschwörungs- und Sündenbock-Theorien und seien deshalb antisemitisch. Neu hinzugekommen war nur der Vorwurf, dass die Montagsmahnwachen auch noch russlandfreundlich seien, der aber im Zusammenhang mit dem Thema dieser Publikation keine Rolle spielt. Doch die Art und Weise der Auseinandersetzung[15] hatte sich deutlich verändert: Die schärfsten Attacken kamen aus linken Kreisen, dort war nicht der Aufruf zum Friedenswinter[16], waren also nicht die Inhalte Gegenstand der Kritik, sondern einzelne Personen! Diese Kontroversen nahmen dann teils denunziatorische Züge an.

Klaus Lederer zum Beispiel, Vorsitzender der Berliner LINKEN, schrieb am 29.11.2014 auf seiner Website zu »DIE LINKE und der

---

15 Ausführlicher vgl. Wolfgang Gehrcke / Christiane Reymann: Wider denunziatorische Kommunikation. Volksfront statt Querfront, unter: www.waehlt-gehrcke.de [2.3.2015].

16 In dem Aufruf »Gemeinsam für den Frieden – Friedenslogik statt Kriegsrhetorik« heißt es u. a.: »Wir sind – wie Millionen Menschen in unserem Land und weltweit – tief besorgt. Kriege breiten sich weltweit in einer immensen Geschwindigkeit aus, sie kehren mit dem Krieg in der Ukraine nach Europa zurück. ... Den Menschenrechten, dem Völkerrecht und der internationalen Solidarität gilt unser aktives Handeln. Rassismus und Faschismus lehnen wir entschieden ab. Frieden braucht Mut, Engagement und Solidarität.« Aufruf und Aktionen siehe: http://friedenswinter.de

›Friedenswinter‹«[17], der Aufruf sei im Großen und Ganzen in Ordnung, nicht aber die Unterzeichnenden, namentlich Lars Mährholz und Ken Jebsen von den Montagsmahnwachen. Lederer belegte die angebliche Nähe von Lars Mährholz zu Nazis mit diesem Zitat aus dessen Mund: »Wie will man denn gegen die Nazis was machen, in Anführungszeichen, wenn man nicht mit ihnen redet? Wir können doch nicht weiter in dem Gedanken feststecken bleiben, wir müssen die Nazis bekämpfen oder sowas.«[18] Soweit so wahr. Und trotzdem eine Fälschung. Denn das Zitat endet nicht mit einem Punkt, sondern mit einem Komma (einem gehörten, es handelt sich um ein Telefon-Interview) und geht so weiter: »wenn, dann müssen wir die Gedanken in den Köpfen der Nazis bekämpfen.« Das unterstreicht er gleich noch einmal: »Wir können doch nicht die Menschen bekämpfen, wir müssen das Denken bekämpfen.« Anhand dieser Äußerungen mag man Lars Mährholz des Plagiats an dem PDS- und LINKEN-Plakat *Nazis raus aus den Köpfen* bezichtigen, aber keine Nazi-Nähe nachweisen, auch dann nicht, wenn einem dieser Ansatz vielleicht als Strategie nicht ausreichen mag. Das trifft auch auf Lederers »Beweisführung« zu, dass Ken Jebsen den Holocaust relativiere. Dazu zitiert ihn Lederer mit diesen Worten: »Konzentrationslager der Moderne gibt es ja trotzdem. Da gibt es Lager, da wird etwas konzentriert«[19]. Es fehlt der Satz danach »Das ist schrecklich« und vor allem der Satz unmittelbar davor: »Der Holocaust in seiner Brutalität und seiner Planung und alldem ist einmalig, und ich hoffe, dass es so bleibt.« Kurzes Nachdenken. »Man weiß es nicht.« Dann die Bemerkung zu den KZs der Moderne, direkt danach noch einmal, detaillierter, Beschreibungen der Einzigartigkeit des industriemäßig betriebenen Massenmordes. Wieder ist der vermeintliche Beleg eine Unwahrheit – durch Weglassen. In den Massenmedien und vielen Köpfen aber setzt sich fest: Friedensbewegung und Linke demonstrieren mit Antisemiten und Holocaust-Leugnern. Und so steht es dann auch in der Presse.

---

17 www.klauslederer.de/politik/partei/die_linke_und_der_friedenswinter
18 www.youtube.com [2.3.2015].
19 www.facebook.com/friedensdemowatch/photos [2.3.2015].

»Überzogene Israelkritik, Putin-Verständnis und abstruse Friedensdemo: Die Linke hat die offene Flanke zu Montagsdemonstranten und rechtspopulistischen Positionen«, titelt *ZEIT ONLINE* am 1. Dezember 2014. In dem Artikel charakterisiert Stefan Liebig, MdB der LINKEN und Mitglied in der Atlantik-Brücke, die Montagsmahnwachen als »eine neue Bewegung der Rechten«. Klaus Lederer ergänzt im Interview mit der *taz* (30.11.14), mit ihrer »rechten Kapitalismuskritik« bereiteten sie »nahtlos den Boden für Rechtspopulismus, Antisemitismus und Rassismus.« Ausgewiesene Friedensblätter wie *Spiegel, FAZ* oder *taz* berichten und werten gleichlautend. Der Friedenswinter ist also unter zweifachem Beschuss, um diesen militärischen Begriff zu verwenden, geraten: Von den Mainstream-Medien und von links; beide Seiten geben sich gegenseitig die Stichworte.

Unter der Überschrift »Verschwörungstheoretiker kapern Friedensdemo in Berlin« berichtete die *Berliner Zeitung* von der Demonstration am 13.12.2014, und machte unter den Teilnehmenden »reichlich Verschwörungstheoretiker, Antisemiten, Neurechte und Paranoiker« aus. Belege lieferte das Blatt nicht; dafür sprang die *taz* (14.12.14) ein: »Es wurden Plakate mit Karikaturen verteilt und ausgelegt, auf denen eine Hand zu sehen war, der Ärmel mit USA-Fahne und Davidstern, an jedem Finger eine kleine Puppe: al-Qaida, die Taliban, IS, die syrische Al-Nusra-Front und die saudischen Wahhabiten. Die Dschihadisten dieser Welt als Marionetten, aufgebaut von den USA und Israel, um die islamische Welt bombardieren und unterwerfen zu können, so lautete der Subtext«. Dass sie die islamische Welt unterwerfen wollen, geht zwar aus der Bildbeschreibung nicht hervor; aber die Gründung und Förderung der Dschihadisten durch den US- und andere Geheimdienste, ist, beginnend dereinst in Afghanistan unter seiner Revolutionsregierung, fortlaufend belegt und im genannten Fall auch eingestanden. Wenn bereits das der *taz* als »Verschwörungstheorie« gilt, dann kann es bald um unabhängige und unbequeme Recherche ganz schlecht bestellt sein. Noch ein weiterer Begriff macht seit dem Friedenswinter im Umfeld der Antisemitismus-Unterstellung gegen links Furore: *Querfront.* Das Wort bezeichnet den Versuch, rechte Inhalte in linke Bewegungen zu schleusen – unter tatkräftiger Mithilfe

Linker. Die einschlägigen Medien[20] säen mit dem Querfront-Verweis Misstrauen gegen das antifaschistische, demokratische, humanistische Selbstverständnis der Linken. *FR* und *Berliner Zeitung* veröffentlichen am 13. Dezember 2014, dem Tag der Demonstrationen, denselben Kommentar von Christian Bommarius unter dem Titel: »Links- und Rechtsradikale in obskurem Bündnis geeint.« Er endet mit einer Bemerkung zu Wolfgang Gehrcke persönlich: »Er und seine Gesinnungsgenossen sorgen dafür, dass der rechte Mob nicht alleine bleibt.« Was mit dem Antisemitismus-Vorwurf begann, treibt über die Verschwörungstheorie in den braunen Sumpf der Querfront. So sollen Feinde gemacht werden.

Fall 3: Günter Grass und sein *lyrischer Erstschlag*

> *Es ist das behauptete Recht auf den Erstschlag der*
> *das von einem Maulhelden unterjochte und*
> *zum organisierten Jubel gelenkte*
> *iranische Volk auslöschen könnte, weil in dessen Machtbereich*
> *der Bau einer Atombombe vermutet wird.*
> Günter Grass, aus: Was gesagt werden muss

Ein bequemer Zeitgenosse war Günter Grass (1927–2015) nie. Er, der es zu lange versäumt hatte, über seine eigene Vergangenheit als jugendlicher Freiwilliger in der Wehrmacht, eingezogen zur Waffen-SS, zu sprechen, schrieb als Literat fortdauernd gegen das Vergessen an. Den Nobelpreis für Literatur erhielt er 1999, weil er in seinen Werken, so das Nobelkomitee in seiner Begründung, »das vergessene Gesicht der Geschichte gezeichnet hat«. Unvergessen der skandalöse Wirbel, den sein erster Roman *Die Blechtrommel* 1959 auslöste, nicht nur wegen der verwegenen Fabulierlust des Erzählers, sondern auch, weil er die Verbrechen des Faschismus und das kollektive Verdrängen der Nachkriegszeit ansprach. Und Günter Grass war ein politischer In-

---

20 Ein Bespiel von vielen: Der Querfront ein Stück näher, in: taz, 20.5.2014.

tellektueller, der sich einmischte: Als Protagonist der Gruppe 47 und Befürworter von Willy Brandts Entspannungspolitik, als Unterstützer von Umwelt- und Friedensbewegung, als Kritiker der deutschen Asylpolitik, als Motor der gewerkschaftlichen Organisierung von Künstlerinnen und Künstlern oder als Befürworter einer Konföderation statt überstürzter Wiedervereinigung der beiden deutschen Staaten. Auch gegen die Partei DIE LINKE hat Grass ordentlich ausgekeilt. So ein Mann eckt an.

Am 4. April 2012 dann der Paukenschlag: In den Tageszeitungen *Süddeutsche Zeitung, La Repubblica* und *El País* erschien zeitgleich sein Gedicht »Was gesagt werden muss«. Nüchtern berichtet *Wikipedia* [16.4.2015]: »In diesem Prosagedicht wirft Grass Israel vor, mit seinen Kernwaffen den ›ohnehin brüchigen Weltfrieden‹ zu gefährden und einen ›Erstschlag‹ gegen den Iran zu planen, ›der das ... iranische Volk auslöschen könnte‹. Er kritisiert in diesem Zusammenhang die Lieferung von deutschen Unterseebooten an Israel. Zugleich setzt er sich in dem Text mit einer von ihm behaupteten Tabuisierung der Kritik an einem unkontrollierten atomaren Potential Israels auseinander. Die Missachtung dieses Tabus werde als Antisemitismus beurteilt.« Dann folgt die Darstellung der Reaktionen: »Lyrischer Erstschlag«, »Dokument der imaginären Rache«, »Scheinlyrik«, ein »aggressives Pamphlet der Agitation«, das an Goebbels Sportpalastrede erinnere, das »zahlreiche Denkfiguren der NS-Ideologie« enthalte, als Gedicht natürlich grottenschlecht – das sind nur einige der Attribute, mit denen Günter Grass als »Prototyp des gebildeten Antisemiten« denunziert wird. *Wikipedia* hat eine eindrucksvolle Zusammenstellung der politischen, medialen und literarischen Pro- und Contra-Äußerungen aus dem In- und Ausland zu Grass und seinem Gedicht zusammengestellt. Die Verurteilungen von Grass als Antisemit überwiegen bei weitem die zustimmenden Äußerungen. Auf beiden Seiten, so könnte man lax formulieren, die *üblichen Verdächtigen*. Um einige Namen zu nennen: Scharfe Kritik kam von Benjamin Netanjahu über die Repräsentanten des Zentralrats der Juden bis zu Henryk M. Broder, Daniel Goldhagen, Michael Wolffsohn u. a., außerdem von einem Großteil der deutschen Leitmedien – *FAZ, Spiegel, Welt, Tagesspiegel, Zeit, taz, Bild* –, unterstützt von den politischen Sekundanten ausnahmslos aller staatstragenden Parteien. Auf der anderen Seite gab es Zustimmung oder zumindest Verständnis, so vom deutschen PEN, der Akademie der Künste, Uri Avnery, Moshe Zuckermann, Thomas Rothschild, Alfred Grosser, European Jews for a Just Peace, Abi Melzer, Andreas Buro für die Kooperation für den Frieden, den *NachDenkSeiten* sowie Jakob Augstein vom *Freitag*. Aus den Bundestagsfraktionen erklärten sich Abgeordnete der LINKEN mit Grass solidarisch, so Niema Movassat oder der Autor. Ungebetene Zustimmung kam von Seiten des Iran. Dass auch die NPD, die keine Gelegenheit auslässt, ihren Antisemitismus gegen Israel in Stellung zu bringen, sich dieser Seite zuschlug, wird von *Wikipedia* getreulich dokumentiert und wirkt als eine Abwertung der Pro-Grass-Stimmen. Als unverzeihlich – und daher antisemitisch – wurde die Kritik von Grass an der anhaltenden Drohpolitik Israels gegen den Iran angesehen: dass er zwischen dem »Maulhelden« Ahmadinedschad und dem iranischen Volk unterschied, dass er der israelischen Regierung ein »Messen mit zweierlei Maß«, was ansonsten zum Kanon des Antisemitismus gehört, vorwarf, indem er Israel – »wenn auch geheim gehalten – ein wachsend nukleares Potential« vorwarf, »verfügbar, aber außer Kontrolle, weil keiner Prüfung zugänglich«.

Als Grass sein Gedicht veröffentlichte, hatten Israels Androhungen eines atomaren Erstschlags gegen die iranischen Atomanlagen an Brisanz gewonnen. Die Regierung Netanjahu, mit massiven Protesten der eigenen Bevölkerung gegen unhaltbare soziale Probleme konfrontiert, kündigte an, sie werde notfalls auch ohne Beteiligung der USA losschlagen. Schon am 1. Dezember 2011 hieß es in *Focus*: »Erneut hat Israel Teheran mit einem Krieg gedroht und will Verbündete vor dem Erstschlag nicht einmal informieren«.[21] Die Obama-Regierung hatte Bedenken geäußert, der israelische Verteidigungsminister Ehud

---

21 www.focus.de [11.12.2014]; auch Spiegel online, 15.8.2012: Die Pläne für einen israelischen Präventivschlag gegen Irans Atomanlagen werden immer konkreter. Ein Minister in Tel Aviv erläuterte nun die Konsequenzen, mit denen die Regierung rechne: ein Monat Krieg und 500 tote Israelis, unter: www.spiegel.de [10.12.2014].

Barak drängte auf baldigen Krieg und US-Verteidigungsminister Leon Panetta schien an der Bombe zu zünden, als er sagte, es sei sehr wahrscheinlich, dass Israel im April, Mai oder Juni 2012 gegen den Iran losschlagen werde. Die Region, darin waren sich viele Experten und politische Beobachter sicher, stand kurz vor einem Krieg, an dem Israel selbst aus Sicht deutscher Mainstream-Medien »nicht unschuldig« sein würde. Vor diesem Hintergrund scheint es nicht zufällig, die international nicht zu ignorierenden Sorgen eines Literatur-Nobelpreisträgers als antisemitisch zu brandmarken. Und mit zeitlichem Abstand erkennt man an diesem *Fall* viele Faktoren, die eine öffentliche Kampagne ausmachen, worauf später genauer eingegangen wird.

Fall 4: Jakob Augstein – ein *lupenreiner Antisemit*?

Im Januar 2013 setzte das Simon-Wiesenthal-Zentrum Jakob Augstein, Journalist und Herausgeber der linksliberalen Wochenzeitung *der Freitag,* auf Platz neun in der Rangliste der zehn schlimmsten Antisemiten u. a. deshalb, weil er die ultraorthodoxen Juden in Israel mit Islamisten verglichen habe und die Auffassung von Günter Grass teilte, die Atommacht Israel sei eine Gefahr für den Weltfrieden. »Grass ist weder Antisemit noch ein deutscher Geschichtszombie. Grass ist Realist. Er prangert das nukleare Potential Israels an, das ›keiner Prüfung zugänglich ist‹«, hatte Augstein im April 2012[22] geschrieben. Des Weiteren hatte er erklärt, dass die Hamas nicht allein für die militärische Eskalation auf dem Gaza-Streifen verantwortlich sei, Israel trage eine Mitschuld. Das Wiesenthal-Zentrum berief sich in seiner Verurteilung auf den in den deutschen Medien wohlgelittenen Rechtspopulisten Henryk M. Broder, der Augstein zur antisemitischen Sau machte: Er sei ein »lupenreiner Antisemit, eine antisemitische Dreckschleuder, ein Überzeugungstäter, der nur dank der Gnade der späten Geburt um die Gelegenheit gekommen ist, im Reichssicherheitshauptamt

---

22 Jakob Augstein, Spiegel online – Im Zweifel links. Es musste gesagt werden, unter: www.spiegel.de [10.12.2014].

Karriere zu machen.«[23] Auch Anetta Kahane, die Vorsitzende der Amadeu-Antonio-Stiftung, giftete gegen Augstein: »Keines der uralten Klischees über die Juden als heimliche Drahtzieher, Weltenherrscher, Unfriedenstifter und Kindermörder, als Krebsgeschwür der Menschheit gilt als antisemitisch, sobald es sich auf Israel bezieht.«[24]

Im Unterschied zu Attac und Grass erfuhr Augstein jedoch eine so breite Unterstützung, dass Broder sich letztlich in der Öffentlichkeit von seinen Anschuldigungen distanzieren musste. Der Erziehungswissenschaftler Micha Brumlik versuchte die Wogen zu glätten und stellte in der *Jüdischen Allgemeinen* (7.1.2013) verschiedene Kriterien von Antisemitismus vor. Er bezog sich u. a. auf den Antisemitismusforscher Léon Poliakov (1910–1997), der in feindseligen Äußerungen über den Staat Israel eine neue Form des Antisemitismus sah, indem Israel zum *Juden* in der Staatenwelt gemacht werde. Brumlik nannte auch die *3-D-Kriterien* von Natan Sharansky[25]. Diese Kriterien beinhalten erstens die *Dämonisierung*, diese liege z. B. vor, wenn israelische Luftangriffe auf Terroristen, bei denen auch Zivilisten sterben, als *Völkermord* bezeichnet werden. Zweitens die Anwendung *Doppelter Standards*; z. B. wenn etwa die Besiedlung von Teilen der Westbank durch Israel kritisiert wird, ohne die Annexion Tibets durch China anzuprangern. Drittens *Delegitimation*, wenn über eine negative Beurteilung der Handlungen israelischer Regierungen zugleich die Existenzberechtigung des Staates infrage gestellt werde. In der politischen Praxis seien diese Kriterien aber wenig eindeutig und oft impraktikabel, räumte Brumlik ein. Nützlich für Diffamierungen aber allemal, worauf Brumlik nicht hinwies. Denn auch diese Kriterien sind offen für eine willkürliche Interpretation, für Unterstellungen aller Art. Wer darf darüber entscheiden, ob Kritik an israelischer Regierungspolitik

---

23 www.focus.de [10.12.2014].

24 Anetta Kahane: Erst mal versuchen zu verstehen, in: Berliner Zeitung, 6.1.2013, unter: www.berliner-zeitung.de [10.12.2014].

25 Sharansky ist ein israelischer, zionistischer und antikommunistischer Politiker und Autor, so Wikipedia [17.4.2015], der durch sein Engagement als sowjetischer Dissident bekannt wurde. In Israel gehörte er mehreren Regierungskabinetten an.

sich *unter der Hand* antisemitisch gegen den *Gesamtjuden* – wer immer das auch sei – richtet, ob eine Kritik an der Palästinapolitik Israels der Dämonisierung dient oder vielleicht nur dramatisiert oder gar nur beim Namen nennt, was öffentlich permanent verharmlost wird? Moshe Zuckermann erkennt in der Kampagne gegen Augstein paranoide Züge. In einem Interview sagt er: »Schauen Sie, man könnte jetzt eine Endlosschleife konstruieren, bei der sich, wie bei jedem paranoiden Syndrom, ein ganzes Universum auf der Basis einer irrigen Grundannahme errichten lässt. Wenn jemand beschlossen hat, dass Augstein ein Antisemit ist, wird er sich keine Sophisterei entgehen lassen, um dies auch zu belegen. ... Es geht doch schlicht darum, dass Israel-Kritik in Deutschland mit Antisemitismus gleichgesetzt wird, und zwar ganz unabhängig davon, was Israel tut, wie es in Israel zugeht, wohin seine Politik steuert, und welches Leid sie zeitigt.«[26]

Fall 5: Denunziation kritischer Wissenschaftler

Die öffentliche Verunglimpfung von Bewegungen und Persönlichkeiten, die sich kritisch zur israelischen Regierungspolitik, zum aggressiven Zionismus oder zum Anti-Antisemitismus äußern, hat in Deutschland mittlerweile eine denunziatorische Atmosphäre geschaffen. Die Selbstreinigungsformel der ins westliche Bündnis zu integrierenden jungen Bundesrepublik hieß: Demokratie = NS-Distanz = Antikommunismus = Philosemitismus = Proamerikanismus. Axel Springer hatte mit seinen Medien großen Einfluss darauf, dass diese oberflächliche Selbstreinigung vom Antisemitismus im Verbund mit Antikommunismus vor sich ging. Schon gegenüber der Studentenbewegung und den Protestbewegungen gegen den Vietnam-Krieg, erst recht in den Auseinandersetzungen um die Kriege im Irak und in Afghanistan wurde diese Gleichung weiterentwickelt zu: Kritik an der Politik der USA = Antiamerikanismus = Demokratiefeindlichkeit = Diktaturfreundlichkeit = Faschismusfreundlichkeit = Antisemitismus

---

26 Hintergrund, 7.1.2013, unter: www.hintergrund.de [Zugriff am 9.7.2014].

= Israelfeindlichkeit. Der Historiker Daniel Cil Brecher hat dies ausführlich beschrieben.[27] Danach hatte die israelische Seite den Prozess der begrifflichen Verschiebung in den USA angestoßen: Seit Mitte der sechziger Jahre, so Brecher, kämpfte die israelische Presse- und Informationspolitik darum, dass in der westlichen Öffentlichkeit Kritik an israelischer Regierungspolitik mit dem Makel des Antisemitismus behaftet werde. Der israelische Botschafter in Washington, Avraham Harmann, bezeichnete als wichtigsten Erfolg seiner Amtszeit: »Ich habe die Amerikaner davon überzeugen können, dass Anti-Zionismus Antisemitismus ist.«[28] Eine offene Auseinandersetzung mit israelischer Regierungspolitik wie auch mit dem realen Antisemitismus und seinen Gefahren ist seither enorm erschwert.

Nicht alle Kampagnen hatten eine so massive Medienbegleitung, zu der in wachsendem Maße auch das Internet gehört, wie die gegen Attac, Grass und Augstein. Für die weniger bekannten Opfer waren aber die Folgen möglicherweise noch verheerender, in hohem Maße rufschädigend, zum Teil auch existenzbedrohend, weil die Solidarität schwach war oder gänzlich ausblieb. Doch gehört öffentliche Denunziation immer zu derartigen Kampagnen, ob sie jüdische Wissenschaftler und Wissenschaftlerinnen ins Visier nehmen, die den israelischen Regierungszionismus und seine Mythenbildung kritisieren, wie Norman Finkelstein, Ilan Pappe, Moshe Zuckermann, Tamara Amar-Dahl, Rolf Verleger[29], ob sie sich, um seine Entlassung zu betreiben, gegen Ludwig Watzal richten, Nahost-Experte der Bundeszentrale für politische Bildung, oder gegen den renommierten ehemaligen Leiter des Zentrums für Antisemitismusforschung, Wolfgang Benz.

---

27 Daniel Cil Brecher. Der David. Der Westen und sein Traum von Israel, Köln 2011.

28 Ebd., S. 188f.

29 Es mehren sich zudem Fälle von Zensur und untersagten Veranstaltungen. Der Neusser Bürgermeister, Herbert Napp (CDU), hatte z. B. eine für Ende Januar 2015 an der örtlichen Volkshochschule geplante Veranstaltung u. a. mit Rolf Verleger zum Nahost-Konflikt untersagt mit der Begründung »mangelnder Ausgewogenheit«, siehe: www.jungewelt.de, 5.2.2015 [24.2.2015].

1. ANTISEMITISMUS: EIN KAMPFBEGRIFF ...

Als er im Dezember 2008 als damaliger Leiter des Zentrums für Antisemitismusforschung (ZfA) an der TU Berlin die Konferenz *Feindbild Muslim – Feindbild Jude* zum Vergleich von Islam- und Judenfeindschaft durchführte, wurde gegen den Historiker Wolfgang Benz eine Schmutzkampagne in Gang gesetzt. In einem Interview[30] erklärte er standhaft: »Dem Sturm einer politisch festgelegten Entrüstung nachzugeben, widerspricht aber dem Geist der Wissenschaft.« Zur Logik der Unterstellungen seitens seiner Kritiker schrieb er: Wer Verständnis für Muslime zeige, entziehe Israel Zuwendung. »Wer sich dafür einsetzt, dass der muslimische Nachbar nicht diffamiert wird, der muss nach dieser Logik ein Feind Israels und ein Anhänger von Irans Präsident Ahmadinedschad sein. Das sind manichäische Bilder, in denen die Welt entweder gut oder böse ist.« Benz erläuterte das Anliegen der Konferenz, bestimmte antiislamische Stereotype mit antijüdischen zu vergleichen. Zum Beispiel das Stereotyp, wonach die Minderheit sich gar nicht assimilieren, nicht integrieren, sondern »auf Kosten der Mehrheit Vorteile genießen« wolle. Derartige »Überfremdungs- und Verschwörungstheorien« behaupteten, dass »Minderheiten ... unser Land in Besitz nehmen oder eben heute: islamisieren« wollten. Im 19. Jahrhundert wurden solche Theorien gegen die Juden gerichtet, heute gegen »die angebliche islamische Gefahr, die das Abendland bedroht«. Man schreibe der Minderheit die »Eigenschaft des Fremdseins zu«. Hierin sieht Benz »gemeinsame Merkmale, an die das Vorurteil andocken kann. Damit will ich Juden und Muslime nicht gleich reden. Aber die Mechanismen von Ausgrenzung und Diskriminierung sind sich nicht nur ähnlich, sie haben auch den gleichen Grund: Die Mehrheitsgesellschaft braucht fremde Minderheiten, denen man Schuld zuschreiben kann und an die sie Bedrohungsängste, Überfremdungs- und Überwältigungsfantasien delegiert.«

Dass Benz es wagte, einen »umstrittenen Vergleich«, der schon »heftige Kritik« hervorgerufen habe, zum Thema einer Konferenz zu machen, galt für Benjamin Weinthal (*Jerusalem Post*) als Skandal

---

30   Interview mit Wolfgang Benz: Aufklärung statt Ausgrenzung. Interview (13.4.2010) Claudia Mende, unter: http://en.qantara.de [10.12.2014].

– als dürften sich Konferenzen nur mit Fragen befassen, über die sich alle einig sind. Weinthal berief sich dabei auf die Sprecherin der Jüdischen Gemeinde zu Berlin, Maya Zehden, die verkündet habe: »Es ist nicht förderlich, wenn man Antisemitismus mit Islamophobie vergleicht.« Diese These habe in der Vergangenheit bereits Kritik in den USA und Israel hervorgerufen.[31] Matthias Küntzel[32] sprach dem Zentrum für Antisemitismusforschung (ZfA) die Kompetenz ab. Das Jahrbuch des ZfA konzentriere sich »auf die Befassung mit dem weltweiten ›antiislamischen Ressentiment‹« und setze damit auf ein »ungutes Signal«, weil es über »den Antisemitismus der iranischen Mullahs kein Wort« verliere. »Nie zuvor wurde die Beseitigung des jüdischen Staats so lautstark propagiert. Nie zuvor hat eine einflussreiche Macht die Leugnung des Holocaust in das Zentrum seiner Außenpolitik gerückt wie heute der Iran.« »Mit dieser Gewichtung wird das Berliner Zentrum den Anforderungen, die an eine zeitgenössische Antisemitismusforschung zu richten sind, kaum gerecht.«[33] Micha Brumlik[34] fand immerhin kritische Worte über die Diffamierer:

---

31 Benjamin Weinthal, in: Tagesspiegel (Online-Ausgabe), 8.1.2010 [28.2.2012]. Benjamin Weinthal ist Berlin-Korrespondent der Jerusalem Post und gehört wie Matthias Küntzel zu den Antisemiten-Jägern um Henryk M. Broder.

32 Matthias Küntzel: Texte, unter: www.matthiaskuentzel.de [28.2.2012].

33 Im Internet hat das ZfA (Kampagne statt Argumente) die Anwürfe zurückgewiesen: »Auf der Bloggerszene wurde mit großer Wut (und weitgehend unter Verzicht auf Anstandsregeln) gekämpft. Im Anschluss an die Konferenz [Feindbild Muslim – Feindbild Jude vom Dezember 2008; W. G.] wurde die Kampagne gegen das Zentrum für Antisemitismusforschung, seinen Leiter und einzelne Mitarbeiter des Instituts in einigen ausländischen Medien und insbesondere in der Bloggerszene fortgesetzt. Sie dauert bis heute mit einer Besessenheit an, die den Eindruck erweckt, eine kleine Gruppe von Publizisten und Bloggern beansprucht die alleinige Deutungshoheit über das Thema Antisemitismus ungeachtet einer seriösen wissenschaftlichen Auseinandersetzung mit dem Phänomen.« Insbesondere habe sich dabei der Deutschlandkorrespondent der Jerusalem Post, Benjamin Weinthal, hervorgetan und dem ZfA »Sekundären Antisemitismus« vorgeworfen, siehe unter: www.tu-berlin.de/fileadmin/i65/Newsletter/news-09-01.pdf [10.12.2014].

34 Kein Applaus für Brumlik, taylorbob.wordpress.com/2009/03/31/ [10.12.2014].

»Eine Gruppe von Autoren, unter ihnen Matthias Küntzel, Henryk M. Broder, Clemens Heni sowie der Berliner Korrespondent der *Jerusalem Post*, Benjamin Weinthal, vertraten in einer publizistischen Kampagne die Auffassung, dass die geplante Tagung Antisemitismus und Islamophobie nicht nur miteinander vergleiche, sondern dadurch auch gleichsetze. Damit wurde – ohne nähere Begründung – der Veranstalter selbst zumindest in die Nähe des Antisemitismus gerückt.«[35] Unter der Überschrift »Die ›Kritische Theorie‹ frisst ihre Kinder – Antisemitismusforscher Wolfgang Benz ist plötzlich selbst ein Antisemit«, hat Mathias Brodkorb,[36] Minister für Bildung, Wissenschaft und Kultur in Mecklenburg-Vorpommern, am 26. Januar 2010 diesen Vorgang im Internet kommentiert: »Man weiß kaum, was in Deutschland schlimmer ist: ob als Schwerverbrecher oder als Antisemit zu gelten. Letzteres ist nun ausgerechnet dem Leiter des ›Zentrum für Antisemitismusforschung‹ (ZfA) der TU Berlin, Prof. Dr. Wolfgang Benz, geschehen.« Brodkorb weiter: »Auf dem nach eigenen Angaben größten jüdischen online-Magazin in deutscher Sprache *haGalil.com* verunglimpft Ulrich W. Sahm die Thesen Benz' als ›ungeheuerliche, geradezu antisemitische Hetze‹. Der Rechtsextremismusforscher Clemens Heni will Benz des ›sekundären Antisemitismus‹ überführen und Berufspolemiker Henryk M. Broder hält ihn in Sachen Judentum einfach für völlig ahnungslos.« Julius H. Schoeps, Direktor des »Moses Mendelssohn Zentrums für europäisch-jüdische Studien« in Potsdam, hat sich in dieser widerwärtigen Kampagne gegen Benz weder hilfreich, noch überhaupt an die Seite seines Kollegen gestellt. Er nannte den von Benz angestellten Vergleich »gefährlich«.[37]

In seiner Abschiedsvorlesung[38], in der Wolfgang Benz auf die Aufgaben der wissenschaftlichen Antisemitismusforschung einging sowie

---

35 taz, 21.3.2009.
36 http://blog.zeit.de/stoerungsmelder/2010/01/26/ [10.12.2014].
37 Berliner Zeitung, 25.1.2010.
38 In der TU Berlin am 21.10.2011, Quelle: »TU intern«, 11/2010. Eine erweiterte Version dieses Textes ist im neu erschienenen »Jahrbuch für Antisemitismusforschung«, Bd. 19, Berlin, nachzulesen.

auf deren interdisziplinären Charakter, auf die Vielfalt der Erscheinungsformen, die Methodenpluralismus und viele Erklärungsmodelle erfordere, wies er zurück, dass das ZfA »amtlichen Charakter« habe »oder wenigstens von der deutschen Regierung unterstützt wird«. Es gehöre aber auch nicht »zu den nicht wenigen Aktivistengruppen, die gegen die Feinde Israels kämpfen«. Andere, »denen Internetforen, aber auch Zeitungen wie die *Jerusalem Post* als Forum ihrer Kampagnen dienen, werfen dem Zentrum vor, dass es nicht in Diensten einseitiger Interessen steht«. Das ZfA sei unabhängig und beteilige sich nicht an Kampagnen, gründe nicht »auf Aktionismus, sondern auf seinen Forschungen.« Für das ZfA bilde der Antisemitismus auch »das exemplarische Phänomen für die Erforschung von Gruppenkonflikten und sozialen Vorurteilen«. Der Begriff des Antisemitismus müsse »erweitert und als Forschungsstrategie verstanden werden, die Phänomene wie die Verfolgung der Sinti und Roma, die Diskriminierung von Minderheiten wie z. B. ›Asoziale‹ einbezieht, ausgrenzende Ideologien, die mit biologistischem Determinismus, Sozialdarwinismus, rassistischen antiegalitärem Bestrebungen und ähnlichen Theoremen agieren, in den Blick nimmt.«[39] Benz beklagte: »Vorgetragen werden in Kampagnen Postulate zur Instrumentalisierung von Wissenschaft, fixiert auf ein Freund-Feind-Schema[40] ohne intellektuellen Anspruch, aber ohne Scheu vor Denunziation ... Wissenschaftliche Analysen und Interpretation des Problems der Judenfeindschaft, die sich nicht in den Dienst manichäischer Weltsicht nehmen lassen dürfen, werden dann fanatisch diffamiert ...«. Benz ging auch auf die Problematik der Begriffsbesetzung ein. »Der Anspruch auf Deutungs-

---

39 Ein entsprechender Forschungsansatz, von der Wissenschaftlergruppe um Wilhelm Heitmeyer unter dem Stichwort »Gruppenbezogene Menschenfeindlichkeit« entwickelt, wurde von Akteuren, die die Hetze gegen Benz mobilisierten, und von fragwürdigen bis obskuren Bloggern im Internet angegriffen: Achse des Guten, Junge Freiheit, political incorrect, Martin Kloke, sokratischer Marktplatz, zölibat & mehr.

40 Freund-Feind-Schema oder auch Manichäismus. Die von Benz hier derart Kritisierten pflegen den Linken Manichäismus als Merkmal von Antisemitismus anzulasten.

hoheit, was Antisemitismus nun eigentlich sei und wer berechtigt ist, ihn zu erforschen, wird mit unterschiedlicher Begründung erhoben. Moralische und philosophische Argumente werden immer dann vorgebracht, wenn es um politische oder auch ökonomische Interessen geht. Philosemitismus und Betroffenheit allein bieten aber genau so wenig taugliche Instrumente zum Umgang mit dem Übel (d. h. seiner Erforschung und Bekämpfung) wie naive Politik.« Durchaus kritisch sieht Benz »parlamentarische und regierungsamtliche oder von internationalen Gremien initiierte Anstrengungen der Beschäftigung mit dem Problem Antisemitismus. Sie beginnen in der Regel mit neuen Definitionsversuchen (die Judenfeindschaft gerne bei irgendwelchen anderen verorten) und enden nach Mutmaßungen mit Resolutionen. Ziel muss aber sein, Judenfeindschaft als gesellschaftliches Phänomen zu begreifen und Aufklärung dagegenzusetzen, um sie öffentlich zu ächten, einzudämmen und politisch zu marginalisieren.«[41]

Pro Israel = Anti Islam?

Die Nazis konnten an einem Vorurteils-Syndrom in der deutschen Bevölkerung anknüpfen, das sich nicht nur gegen die Juden allein richtete, sondern auch gegen Slawen, andere als »rassisch minderwertig« klassifizierte Menschen und Völker, gegen Sinti und Roma, Homosexuelle, Gegner des Nazi-Faschismus aus politischen, humanistischen oder religiösen Gründen. Ohne die Existenz dieser tief verwurzelten Vorurteile, die mit Herrenmenschenmentalität angereichert wurden, hätten auch die weithin isolierten Kräfte des antifaschistischen Widerstands in Deutschland nicht so erbarmungslos ausgeschaltet werden können. Aus diesen Erfahrungen zu lernen, bedeutet nicht nur, den Faschismus in allen seinen Facetten zu untersuchen, sondern in der politischen Aufklärungsarbeit das gesamte Vorurteils-Syndrom zu bearbeiten. Eine solche Aufklärung hat sich am Artikel 1 des Grundge-

---

41 Wolfgang Benz, Antisemitismusforschung als akademisches Fach und öffentliche Aufgabe, unter: www.pressestelle.tu-berlin.de [10.12.2014].

setzes auszurichten und muss sich auch mit anti-aufklärerischer Meinungsmanipulation auseinander setzen – und das beinhaltet allemal zu prüfen, ob Begriffe wie Demokratie, Menschenrechte, Humanismus zu manipulativen Zwecken verwendet werden. Moderne Rechtspopulisten in Europa haben längst begriffen, dass sie Zugang zur gesellschaftlichen Mitte gewinnen, wenn sie auf den tabuisierten Antisemitismus verzichten, stattdessen eine Pro-Israel-Haltung einnehmen und auf Antiislamismus setzen. Im Dezember 2010, so berichtete die *FAZ*[42], reiste eine Delegation europäischer Rechtspopulisten nach Israel. Teilnehmer waren der Chef der Freiheitlichen Partei Österreichs (FPÖ), Heinz-Christian Strache, der Belgier Filip Dewinter vom »Vlaams Belang«, René Stadtkewitz, früher für die CDU im Berliner Abgeordnetenhaus und als Vorkämpfer gegen Moscheebauten regional bekannt sowie Mitbegründer der Rechtsgruppierung »Die Freiheit«, und Kent Ekeroth von den gleichfalls antiislamischen »Schwedendemokraten«. Als Resultat dieser »rechten Pilgerfahrt nach Israel« veröffentlichten die Teilnehmer am 7. Dezember 2010 eine »Jerusalemer Erklärung«. Dazu die *FAZ*: »Sie klingt nun so, dass sie problemlos als Leitantrag auf einem CDU-Parteitag durchgehen könnte: ›Die Grundlage unserer politischen Tätigkeit ist unser unverbrüchliches Bekenntnis zu Demokratie und freiheitlichem Rechtsstaat, zu den Menschenrechten im Sinne der Allgemeinen Erklärung der Menschenrechte, zum Völkerrecht und zum Wertekanon der westlichen Zivilisation, der auf dem geistigen Erbe der griechisch-römischen Antike, der jüdisch-christlichen kulturellen Werte, des Humanismus und der Aufklärung basiert‹.« Die Rechtspopulisten bekannten sich »ohne Einschränkung« zum Existenzrecht Israels. »Ebenso ist das Recht Israels auf Selbstverteidigung gegenüber allen Aggressionen, insbesondere gegenüber islamischem Terror, zu akzeptieren.« Denn die Menschheit sei »einer neuen weltweiten Bedrohung ausgesetzt: dem fundamentalistischen Islam«. Auch Berlusconi hatte an seiner pro-amerikanischen und pro-israelischen Loyalität keine Zweifel aufkommen lassen, weshalb die jüdische *Anti-Defamation-League* in New

---

42 www.faz.net [10.12.2014].

York ihm im September 2003 den Preis für »den besten Staatsmann des Jahres« verlieh. Ein weiterer politischer Vorreiter war der niederländische Rechtspopulist Geert Wilders, der eine zentrale Position in der europäischen antiislamischen Bewegung einnimmt. Der Gründer und Vorsitzende der *Partei für die Freiheit (PVV)* hat nach eigenem Bekunden gute Kontakte zum israelischen Geheimdienst Mossad und traf sich mit Ariel Sharon sowie Ehud Olmert. Er besuchte unzählige Male Israel und erklärte in einem Interview mit *Yedioth Ahronoth* vom 19.11.2010: »Israel ist der Leuchtturm und die einzige Demokratie in diesem rückständigen und diktatorischen Teil der Welt.« Und: »Israel führt unseren Krieg.«[43]

Spektakulär hatte sich der norwegische rechtsextreme Attentäter und Massenmörder Anders Behring Breivik in seinem kruden islamfeindlichen 1500 Seiten umfassenden Manifest als Israelfreund dargestellt. Von christlichen Fundamentalisten um die Tea Party in den USA über Antideutsche bis zu neofaschistischen und auch rechtspopulistischen Parteien in Europa reicht inzwischen die Achse der islamophoben Israelfreunde. In der rechten Szene ist der Islamhass eines der maßgeblichen Themen, das die verschiedenen Strömungen eint; so nicht zuletzt die Pegida-Bewegung, die im Oktober 2014 von Dresden aus ihren Anfang nahm.

---

43 http://europenews.dk/de/node/37643 [10.12.2014].

2. Kapitel
Jagdszenen

> *Links ist Platz geblieben / auf den man schreiben kann*
> *Rechts steht … SIND UNSER UNGLÜCK! / Wie fing die Zeile an*
>
> *DIE JUDEN ist kaum mehr zu lesen / das ist ausradiert oder verblasst:*
> *Schreibt CHINESEN schreibt NORD-VIETNAMESEN*
> *schreibt hinein, wen ihr hasst*
>
> Erich Fried, aus: Die Ausfüllung, in: Die Zeit, 17/1966

Parallel zu den Antisemitismus-Vorwürfen gegen Attac, Günter Grass, Jakob Augstein, gegen kritische Wissenschaft lief 2008 zum selben Thema die erste Kampagne gegen DIE LINKE, 2011 die zweite, kompakter, mit breiterer Beteiligung der Medien und aggressiver, sie spielte sich in aller Öffentlichkeit ab, im Bundestag, den Medien, in der Bundestagsfraktion und in der Partei DIE LINKE, sie berührte ihre Partnerinnen und Partner. Im Herbst 2014 endlich begann die dritte Kampagne, ausgelöst durch Kulturlosigkeit in der LINKEN selbst. Über die Jahre bis hierhin hatte sich über Verleumdungen aller Art im politischen und publizistischen Mainstream festgesetzt: DIE LINKE habe ein Antisemitismus-Problem. Das kann inzwischen, nicht belegt und nicht hinterfragt, behauptet und ständig wiederholt werden.

Im Rückblick ist leichter zu erkennen, dass es sich nicht um jeweils einzelne, voneinander getrennte Kampagnen handelt, sondern dass der – alte, etwas behäbige – Antikommunismus eine Liaison eingegangen ist mit dem – umtriebigen, sich hoch moralisch gebenden – Antisemitismus-Vorwurf gegen links. Vor allem aber zeichnet sich ab, dass dies nicht besondere Kampagnen gegen je einzelne Angeklagte sind, sondern dass sich Argumente, Stil und Stoßrichtung gleichen, unabhängig von der Per-

2. JAGDSZENEN

son oder Organisation, gegen die sie sich richten. Im Zentrum steht auch nicht DIE LINKE, sondern alles was links ist. »Rundumschlag mit dem Antisemitismus-Vorwurf: ver.di strich Vortrag mit Werner Rügemer zu TTIP«[44] – diese Nachricht aus den *NachDenkSeiten* gleitet während der Erstellung dieses Buchmanuskripts durchs Netz. Werner Rügemer, profunder Kritiker des Finanz- und Bankenwesens, Autor zahlreicher Bücher, wird von ver.di ausgeladen, so ist dort zu lesen, nachdem der Fraktionsvorsitzende der Grünen im Stadtrat von Sprockhövel, Schmitz, dem Bürgermeister Winkelmann (CDU) einen älteren Artikel aus dem Magazin *haGalil.com* von Adriana Stern zur *verschrobenen antisemitischen Weltsicht von Werner Rügemer* gezeigt hatte. Der Bürgermeister legt der Gewerkschaft ver.di nahe, die Veranstaltung abzusagen, und ver.di pariert umgehend. Stern hatte 20 Vorwürfe gegen Rügemer erhoben, dieser verklagte sie, und Stern musste zugeben, dass kein einziger stimmte! Anhand dieses Vorfalls resümiert Albrecht Müller:[45] Der Vorwurf »richtet sich gegen jene, die es sich erlauben, die jetzige israelische Regierung und ihre fatale Politik zu kritisieren. Und gegen jene, die sich erlauben, die Politik der USA, der NATO und das TTIP zu kritisieren ... Und selbstverständlich gegen die Friedensbewegung und ihre Demonstrationen.«

Weil sich die Kampagne gleicht, egal, gegen wen im Einzelnen sie sich richtet, soll im Folgenden der versuchte Rufmord an der LINKEN und bekannten Politikern aus ihren Reihen als Teil für das Ganze stehen, für Behauptungen, Durchführung, Ziel der Kampagne – und als Beispiel, welche Verunsicherungen sie in den Zielgruppen auslösen kann. Wir greifen einige Szenen heraus und beleuchten sie ausführlich, schließlich geht es nicht um Chronologie, sondern um das Verständnis von Inhalten und Struktur. Wir stellen die Kampagnen 2008 und 2011 in den Mittelpunkt, die späteren Attacken wiederholen und variieren lediglich die Anschuldigungen und die Vorgehensweise, die sich schon früher als erfolgreich erwiesen haben.

---

44 Albrecht Müller, Rundumschlag mit dem Antisemitismus-Vorwurf: ver.di strich Vortrag mit Werner Rügemer zu TTIP, 10.12.2014, unter: www.nachdenkseiten.de [12.12.2014].

45 ... und wie Adriana Stern selbst zugeben musste, nachdem Rügemer sie verklagt hatte.

Vorspiel: Dieter Graumann in der Paulskirche

Am 8. November 2006 hielt Dieter Graumann, damals Vizepräsident des Zentralrats der Juden, in der Paulskirche in Frankfurt am Main eine Rede im Rahmen einer Gedenkstunde aus Anlass der Reichspogromnacht. Graumann kritisierte zunächst den Antisemitismus der Neonazis, holte dann aber zu einem Schlag gegen die Linkspartei und speziell gegen Oskar Lafontaine aus: Bei Teilen der Linken sei der Antisemitismus »gemütlich untergeschlupft und hat dort eine hässliche Heimat und ein recht behagliches Zuhause gefunden«, unterstellte er. »Linke nutzen gelegentlich hasserfüllte Israelkritik, die mit Dämonisierung und Delegitimierung des jüdischen Staates verbunden wird, um faktisch antisemitische Akzente scheinbar politisch korrekt zu transportieren.« Natürlich dürfe Israel kritisiert werden, räumte er ein, um aber sofort seine Erlaubnis einzuschränken: »Auch auf der politischen Linken gibt es mitunter den Ersatzantisemitismus, der Israel sagt und Juden meint.« Dem damaligen Fraktionsvorsitzenden der Linksfraktion im Bundestag, Oskar Lafontaine, warf er »zwanghaft und krankhaft eine konsequente Linie von Feindseligkeit und Hass gegenüber dem jüdischen Staat« vor. Dabei verbinde Lafontaine seine »boshafte Kritik an Israel« mit »fast schon freundlicher Fürsorge für das kriminelle Regime in Teheran«. Aus der Linkspartei werde »dem Riesenstaatsmann Lafontaine« nicht widersprochen, auch nicht von Gregor Gysi, »der sonst doch kein Mikrofon auszulassen pflegt«. Das sei »das gemeine und gemeingefährliche Erbe der SED. ... Die DDR als kommunistischer Vorzeigestaat war aktiver Komplize von unzähligen Terrormorden. An den Händen der Verantwortlichen der SED klebt das Blut von Tausenden von Terroropfern. Und in der Linkspartei, der Partei der Vorzeigelinken von heute, blitzt diese Tradition eben doch leider immer wieder auf.«[46]

Der Eklat war da. Die Abgeordneten der Linksfraktion im Frank-

---

46 Wortlaut bei Honestly Concerned, unter: http://honestlyconcerned.info [10.12.2014].

furter Römer verließen die Gedenkstunde, während die Vertreter der anderen Parteien an Graumanns unflätigem Anwurf nichts auszusetzen hatten. Der Landesvorsitzende der hessischen LINKEN, Ulrich Wilken, erklärte konsterniert in der *Frankfurter Rundschau*: »Für mich ist vollkommen unverständlich, wie Herr Graumann da agiert hat. ... Wir haben am vergangenen Sonntag mit 600 Teilnehmern im Gewerkschaftshaus dem Antifaschisten und ehemaligen Widerstandskämpfer Peter Gingold die letzte Ehre erwiesen. Uns in derselben Woche Antisemitismus vorzuhalten, ist unerträglich. Wir treten als Linke für Frieden und gegen Antisemitismus ein. ... Dass unser Eintreten für Frieden mit dem Vorwurf des Antisemitismus gekontert wird, ist abstrus. Antisemitismus ist der Linken ebenso zuwider wie andere Menschen verachtende Ideologien.« Wilken auf die Frage, ob er die Politik der israelischen Regierung immer scharf von Angriffen auf das israelische Volk trenne: »Ja. Die Friedensbewegung tritt für Frieden ein, die Alternative ist Krieg. Wir benennen dabei die israelische und die palästinensische Seite. Die Waffen müssen auf beiden Seiten schweigen. Unsere Kritik meint nicht die Juden.«[47]

An der Rede Graumanns kann exemplarisch nachverfolgt werden, wie der Kampfbegriff des Antisemitismus flexibel erweitert und den jeweiligen politischen Tagesinteressen angepasst werden kann: Steht der Irak-Krieg vor der Tür, wird Saddam Hussein kurzerhand zum Wiedergänger Hitlers, der mit seinen Massenvernichtungswaffen Israel vernichten will – und alle, die das bezweifeln und den Krieg ablehnen, werden zu Antisemiten. Droht der Iran zur Atommacht zu werden, werden seine Führung ebenso rasch zum neuen Wiedergänger Hitlers erklärt, jede Politik der Verständigung als Appeasement-Politik diskreditiert, der Präventivkrieg gegen den Iran gefordert und alle Einwände und Gegner einer solchen Politik zu gefährlichen und mörderischen Antisemiten deklariert. Die deutsche Politik trägt dem weitgehend Rechnung: Als die Kanzlerin Angela Merkel 2010 mit der Leo-Baeck-Medaille ausgezeichnet wurde, bezog sie gehorsam in ihre Dankesrede antiiranische Bekenntnisse ein.

---

47 Newsletter von Tiqvah bat Shalom, unter: http://www.israel-shalom.net

Erster Akt:
... ein unaufgebbarer Teil der deutschen Staatsräson

Mai 2008 – Aus Anlass des 60-jährigen Bestehens Israels vereinbarten alle im Bundestag vertretenen Parteien, eine überfraktionelle Arbeitsgruppe einzurichten, die sich mit dem Antisemitismus befassen sollte. In gemeinsamer Arbeit bereitete diese Arbeitsgruppe die Erklärung vor: *Den Kampf gegen Antisemitismus verstärken, jüdisches Leben in Deutschland weiter fördern.*[48] Darüber sollte im November das Plenum des Bundestages nach einer Aussprache abstimmen. Kurz vor diesem Termin verlangte die Fraktion der CDU/CSU, DIE LINKE von der Beteiligung an der mit ihr erarbeiteten Erklärung auszuschließen. Da die anderen Fraktionen dem zustimmten, brachte DIE LINKE einen textgleichen Antrag ein.

4. November 2008 – Aussprache im Bundestag über die zwei wortgleichen Erklärungen: *Den Kampf gegen Antisemitismus verstärken, jüdisches Leben in Deutschland weiter fördern.* Bei der Vorbereitung in der überfraktionellen Arbeitsgruppe hatte sich DIE LINKE im Interesse der Gemeinsamkeit aller Fraktionen in einigen Positionen angepasst – und sie nun im eigenen Antrag beibehalten. So heißt es darin zum Beispiel: »Die Solidarität mit Israel ist ein unaufgebbarer Teil der deutschen Staatsräson.«[49] Mit einer Gegenstimme wurden die Erklärungen verabschiedet[50], elf Abgeordnete der LINKEN nahmen an der Abstimmung nicht teil. Sie begründeten in einer gemeinsamen persönlichen Erklärung ihre Entscheidung: »Die deklaratorische Feststellung, die Solidarität mit Israel entspreche der deutschen Staatsräson, soll nicht nur das Existenzrecht Israels bestätigen, sondern sie dient vielmehr dazu, jegliche Kritik an der israelischen Politik für illegitim

---

48 Deutscher Bundestag, 16. Wahlperiode, Drucksache 16/10775, 4.11.2008.

49 Deutscher Bundestag, Drucksache 16/10776. Salzborn und Voigt konstruierten später daraus in ihrer ultimativen Enthüllung des Antisemitismus der LINKEN und mit unnachahmlicher wissenschaftlicher Präzision einen »Gegenantrag«.

50 Deutscher Bundestag, Plenarprotokoll 16/185, S. 19778f.

2. JAGDSZENEN

zu erklären.«[51] Eine kritische Auseinandersetzung mit dem Begriff der Staatsräson aus linker Sicht war in dieser Erklärung nicht enthalten. Mittlerweile scheint Merkel selbst von den Konsequenzen eines solch heiklen Bekenntnisses abrücken zu wollen.[52]

In der Aussprache begründete Hans-Peter Uhl (CDU/CSU) wortreich die Ausgrenzung der LINKEN: Die Abgeordneten der Linksfraktion hätten im Juli 2006 in Berlin zusammen mit radikalislamischen Hisbollah-Anhängern gegen Israel demonstriert. »In diese Reihe gehört auch die Behauptung, Israel betreibe einen Vernichtungskrieg. Presseberichten zufolge sagte der Bundestagsabgeordnete Gehrcke im April dieses Jahres unter Applaus seiner Anhänger, dem Bild des kleinen jüdischen Jungen im Warschauer Getto – wir kennen alle das Bild – entspreche heute das Bild von palästinensischen Jungen vor anderen Gewehrläufen. Wer solche Bilder zusammenstellt und in solcher Weise antisemitische Kreise in ihren Vorurteilen bedienen will, der spielt mit dem Feuer.« Und so weiter und so fort. Zwischenrufe aus anderen Fraktionen, die Uhl ermahnten, den Konsens in der Verurteilung des Antisemitismus nicht zu zerstören – »Herr Uhl, Sie machen alles kaputt!« (Jerzy Montag, Grüne) – ignorierte er. Gabriele Fograscher (SPD) bedauerte für die SPD-Bundestagsfraktion, »dass es trotz vielfältiger Bemühungen, die bis zum Schluss angehalten haben, nicht gelungen ist, hier einen gemeinsamen Antrag aller fünf Fraktionen zustande zu bringen. ... Mit den Äußerungen einiger Unionspolitiker in der öffentlichen Diskussion, die einzig zum Ziel hatten, DIE LINKE mit fragwürdigen, historisch falschen Argumenten auszugrenzen – Herr Uhl, Sie haben das hier wiederholt –, ... haben Sie selbst ein unwürdiges Zeichen gesetzt.«[53] Renate Künast (Grüne): »Gerade weil Herr Uhl von seinen elf Minuten Redezeit, ich glaube, fast zehn Minuten für die Auseinandersetzung mit der Partei DIE LINKE verwendet hat, muss ich sagen: Lassen Sie uns an dieser Stelle

---

51 Deutscher Bundestag, Plenarprotokoll 16/185, S. 19792.

52 So Werner Sonne: Staatsräson? Wie Deutschland für Israels Sicherheit haftet, Berlin 2013.

53 Deutscher Bundestag, Plenarprotokoll 16/18, S. 19971 f.

keine Lebenslügen aufbauen. ... Es gab personelle und ideologische Kontinuitäten nach dem Ende des Dritten Reichs. Die gab es aber überall. Es gab sie in der DDR, und es gab sie in der frühen Bundesrepublik. Wer hier spricht und andere kritisiert, dabei aber nur das eine benennt, ohne auch das andere zu benennen, Herr Uhl, ist nicht glaubwürdig.«[54] Petra Pau, die für DIE LINKE sprach, versuchte das Verhalten der CDU/CSU zu erklären: »Wie aber kommt es, dass die Union im Mai ein gemeinsames Vorhaben beklatscht und dasselbe im September vehement bekämpft? Ich habe dafür nur eine Erklärung. Die neue Wahlstrategie der Union für 2009 lautet kurz gefasst: DIE LINKE prügeln, um die SPD zu treffen. Dass man dafür sogar ein mögliches Miteinander aller Bundestagsfraktionen gegen Antisemitismus und für jüdisches Leben opfert, das wiederum finde ich geschichtsvergessen, kurzsichtig und würdelos.«[55]

Niemand aber stellte die Frage, warum so viele Jahre nach Ende des Dritten Reiches der Antisemitismus in der deutschen Gesellschaft noch derartig virulent ist – mit einer Ausnahme, Gert Weisskirchen von der SPD: »... wir wissen: Der Antisemitismus kommt wie der Dieb in der Nacht, und wenn er da ist, dann greift er von innen an.« Als wäre diese Aussage nicht schon bizarr genug, wiederholte Weisskirchen sie am Ende seiner Rede noch einmal, bevor er sein glühendes Bekenntnis abgab, wonach die »unverbrüchliche Zustimmung zum Existenzrecht Israels unsere eigene Staatsräson ist«.[56] Dass der Redner damit nicht nur die Politik von jeglicher Verantwortung für das Entstehen von Antisemitismus freisprach, sondern – verborgen unter einer mystifizierenden Erklärung vom Antisemitismus als Dieb in der Nacht – gleichzeitig die kollektive Entsorgung der Nazi-Vergangenheit betrieben hat, fällt bei einem solch emphatischen Bekenntnis kaum noch auf.

---

54 Deutscher Bundestag, Plenarprotokoll 16/185, S. 19775.

55 Deutscher Bundestag, Plenarprotokoll 16/185, 185. Sitzung, 4. November 2008, S. 19773.

56 Deutscher Bundestag, Plenarprotokoll 16/185, 185. Sitzung, 4. November 2008, S. 19773.

Niemand war in dieser Debatte so ehrlich, das Fortbestehen antisemitischer Vorurteile in der eigenen Partei und der eigenen Klientel einzuräumen und dabei Ross und Reiter zu nennen. Aus dem Gedächtnis verschwunden schien auch der Skandal um den CDU-Bundestagsabgeordneten Martin Hohmann, der 2003 wegen der antisemitischen Ausfälle in seiner »Tätervolk«-Rede endlich den Hut nehmen musste. Schon 1999 hatte er zusammen mit anderen Abgeordneten die Errichtung eines Holocaust-Denkmals mit der Begründung abgelehnt, dass ein solches Denkmal nur zeige, dass die Deutschen sich ihre Vergangenheit nicht verzeihen können. »Mehr als zwei Generationen nach diesem riesigen Verbrechen fühlen wir uns sozusagen resozialisiert. Warum? Kein Land hat Verbrechen in seiner Geschichte aufgearbeitet und bereut, Entschädigung und Wiedergutmachung geleistet wie wir. Nach christlichen Maßstäben folgt auf Sünde, Reue und Wiedergutmachung das Verzeihen ... Fast drei Generationen Bußzeit bis heute. Es sollten nicht sechs oder sieben werden. Insofern wäre das Mahnmal auch monumentaler Ausdruck der Unfähigkeit, uns selbst zu verzeihen.«[57] Das ist die klassische Schlussstrich-Argumentation! Aber es gab im Parlament keinen Ordnungsruf, kein Buh, jedoch ist im Protokoll »Beifall bei der CDU/CSU-Fraktion« festgehalten.

Am Tag, als der Bundestag die erwähnte Erklärung gegen Antisemitismus verabschiedete, am 4. November 2008, begann das israelische Militär die Operation *Gegossenes Blei*, den Luftkrieg gegen den Gaza-Streifen, angeblich wieder nur gegen Hamas und ihre Einrichtungen, tatsächlich aber gegen die gesamte palästinensische Bevölkerung und die zivile Infrastruktur. 1.444 Palästinenser, darunter 348 Kinder wurden getötet. Jean Ziegler bilanziert: »Mehr als 6.000 Männer, Frauen und Kinder (wurden) verwundet, amputiert, gelähmt, verbrannt, verstümmelt.«[58] Es mehrten sich in der deutschen medialen

---

57   Deutscher Bundestag, Plenarprotokoll 14/48, 48. Sitzung, 25. Juni 1999, S. 4122.

58   Zehn israelische Soldaten wurden getötet, einige durch Friendly Fire, so der Goldstone-Bericht, der von Ziegler zitiert wird, in: Jean Ziegler: Wir lassen sie verhungern. Die Massenvernichtung in der Dritten Welt, München 2011, S. 65.

Öffentlichkeit kritische Stimmen zu Israels Besatzungspolitik und auch die als Staatsräson verkündete Israelsolidarität wurde zunehmend hinterfragt, so 2010 durch Altbundeskanzler Helmut Schmidt. Für Israels Sicherheit mitverantwortlich zu sein, gab er zu bedenken, sei eine »gefühlsmäßig verständliche, aber törichte Auffassung, die sehr ernsthafte Konsequenzen haben könnte«. Wenn es beispielsweise zum Krieg zwischen Israel und Iran käme, »dann hätten nach dieser Auffassung die deutschen Soldaten mitzukämpfen«.[59] Im Bundestag aber wurde der Ton gegenüber der LINKEN rauer.

Zweiter Akt: Stockdunkel im Hohen Haus

> *Es war nie leicht zu beweisen, dass man überhaupt keine Schwester hat, wenn erst einmal das Gerücht in die Welt gesetzt wurde, dass sie eine Prostituierte sei.*
> Moshe Zuckermann

25. Mai 2011 – Die Fraktionen von CDU/CSU und FDP hatten eine Aktuelle Stunde[60] zu »möglichen antisemitischen und israelfeindlichen Positionen und Verhaltensweisen in der Partei DIE LINKE« angemeldet. Vorangegangen war die Vorabveröffentlichung einer so genannten Studie von Samuel Salzborn und Sebastian Voigt am 18. Mai 2011 in der *Frankfurter Rundschau*. Vorgestellt wurde sie dort von Jan-Philipp Hein in einem Artikel mit dem Titel *Studie zu Antisemitismus in der Linkspartei*[61], wobei die Tatsache, dass Voigt einem

---

59 www.tagesspiegel.de [10.12.2014].

60 Aktuelle Stunde auf Verlangen der Fraktionen der CDU/CSU und FDP: Aktuelle sozialwissenschaftliche Untersuchungen zu möglichen antisemitischen und israelfeindlichen Positionen und Verhaltensweisen in der Partei DIE LINKE. Deutscher Bundestag, 17. Wahlperiode, 110. Sitzung, 25. Mai 2011.

61 Jan-Philipp Hein: Studie zu Antisemitismus in der Linkspartei, in: Frankfurter Rundschau, 15.5.2011.

Bundesarbeitskreis des Jungendverbandes der LINKEN, Linksjugend ['solid], BAK Shalom, angehört, dem dürftigen Werk die Weihe überzeugender Authentizität verleihen sollte. Gleichzeitig wurde die »noch unveröffentlichte Arbeit«[62] auf der Homepage der *Frankfurter Rundschau* zum Herunterladen bereitgestellt.[63] In den folgenden Tagen und Wochen wurde das Thema bundesweit in allen großen Zeitungen und von zahllosen regionalen Blättern aufgegriffen. Die Aktuelle Stunde berief sich auf diese »Studie« – und die dort stattfindende Debatte war von Anfang an so unlauter, wie die »sozialwissenschaftliche Untersuchung« unsauber war.

Bevor die *Glanzlichter* dieses außergewöhnlichen parlamentarischen Geschehens dargestellt werden, sollen hier kurz die Ergebnisse einer Einstellungsforschung zum *Antisemitismus in Deuts*chland zitiert werden, die Werner Bergmann vom Zentrum für Antisemitismusforschung (ZfA) ein Jahr zuvor vorgestellt hatte. In Bezug auf den »klassischen Antisemitismus«, der in der Gesamtbevölkerung 15 % ausmache, ist er bei 33 % der Rechten, 26 % der eher Rechten, 6 % der eher Linken und 11 % der Linken anzutreffen. In der politischen Mitte sind es 14 %. Das heißt: Bei allen Linken ist Antisemitismus unterdurchschnittlich anzutreffen. »Israelbezogener Antisemitismus« war bei den Parteien in folgendem Umfang anzutreffen: »CDU/CSU: 9,7 %, Nichtwähler: 7,1 %, SPD: 7 %, FDP: 4,6 %, Bündnis 90/Die Grünen: 4 %, Die Linke: 3,6 %, rechtsextre-

---

62   Ebd. Die Veröffentlichung erfolgte erst wesentlich später in einer überarbeiteten Fassung: Samuel Salzborn/Sebastian Voigt: Antisemitismus als Koalitionspartner? Die Linkspartei zwischen antizionistischem Antisemitismus und dem Streben nach Regierungsfähigkeit (Druckfassung), in: Zeitschrift für Politik, 58 (2011), Heft 3, S. 290-309. Da den Medienberichten und der Bundestagsdebatte, um die es hier geht, die Manuskript-Fassung zugrunde lag, beziehe ich mich im Folgenden auf diese.

63   Samuel Salzborn/Sebastian Voigt: Antisemiten als Koalitionspartner? (Unpaginiertes unveröffentlichtes Manuskript), unter: www.fr-online.de/blob/view/8467798,5567690,data,Studie+Antisemitismus+in+der+Linkspartei.pdf. Inzwischen wurde das Papier von der Homepage der Frankfurter Rundschau genommen, unter dem Link erhält man nur noch eine Fehlermeldung des Servers.

me Parteien: 30%.«[64] Laut Bergmann handelt es sich nicht um ganz neue Ergebnisse, er bezeichnete sie vielmehr als ein »seit längerer Zeit stabiles Muster«. Jede und jeder hätte es also wissen können.

Die *Studie* von Salzborn und Voigt kam den Regierungsfraktionen und Abgeordneten von CDU/CSU, SPD, FDP und GRÜNE[65] so gelegen, weil hier ein angeblich Linker selbst sagte, dass DIE LINKE antisemitisch sei. Die *Studie* entband die Abgeordneten von eigenen analytischen Mühen, und das mochte ihnen weniger riskant erscheinen, weil die Verantwortung für die unseriösen *Beweise* bei anderen lag. Alle Rednerinnen und Redner der Aktuellen Stunde im Bundestag haben sich fast ausschließlich auf die Fallbeispiele der *Studie* bezogen und auf dieser Grundlage der Partei DIE LINKE, ihren Mitgliedern oder Abgeordneten, in der Debatte vorgeworfen:

- Verneinung des Existenzrechts Israels,
- Teilnahme an antiisraelischen/antisemitischen Aktionen,
- Unterstützung antisemitischer Organisationen,
- Gleichsetzung von Israel und Nazis,
- Übereinstimmung mit alten und neuen Nazis,
- Israelkritik und antisemitischer Antizionismus.

Die Verneinung des Existenzrechts Israels – ... warfen in der Aktuellen Stunde im Mai 2011 die Abgeordneten Stefan Ruppert (FDP), Franz Josef Jung (CDU/CSU)[66], Volker Beck (Grüne), Edelgard Bulmahn und Christian Lange, beide SPD, der LINKEN u. a. mit diesen Argumenten vor: Elf linke Abgeordnete hätten am 4. November 2008 der Resolution der Fraktionen CDU/CSU, SPD, FDP und Bündnis 90/Die Grünen zum 70. Jahrestag der Reichspogromnacht *Den*

---

64 Werner Bergmann: Vortrag zu Ergebnisses der Einstellungsforschung zum »Antisemitismus in Deutschland«, 15. Februar 2010, aktualisierte Fassung Juni 2011. Hierin wertete er mehrere empirische Untersuchungen aus.

65 Deutscher Bundestag, Plenarprotokoll 17/110, S. 12570, 12575, 12578, 125783.

66 Deutscher Bundestag, Plenarprotokoll 17/110, S. 12572 u. 12575.

2. JAGDSZENEN

Kampf gegen Antisemitismus verstärken ...[67] nicht zugestimmt. Das war inzwischen vier Jahre her, und die elf, der Autor gehörte zu ihnen, hatten längst klar gestellt, dass es aus ihrer Sicht bei der in jener Resolution erwähnten »Staatsräson« nicht um das Existenzrecht Israels ginge – dafür tritt DIE LINKE ohne jeden Zweifel ein –, sondern dass sie dazu diene, »jegliche Kritik an der israelischen Politik für illegitim zu erklären.«[68] Einen weiteren Beleg meinten die Ankläger in einem Halstuch zu erkennen, das der LINKEN-Abgeordneten Inge Höger bei einer Tagung überreicht worden war. Dieses Halstuch spielt bis heute in den Antisemitismus-Debatten immer wieder eine Rolle. Deshalb der erneute Verweis darauf. Damals sagte Volker Beck: »Sie stellte sich auf die Bühne und ließ sich einen Schal überreichen, auf dem Israel mit seinen Staatsgrenzen nicht mehr eingezeichnet ist. ... Israel ist dort bereits verschwunden.«[69] »Ihr zu unterstellen, sie habe den Schal aus antisemitischen Motiven angenommen, ist unlauter«, schrieb der linke Völkerrechtler und Nahost-Experte Norman Paech. Dies gelte umso mehr, so Paech weiter, als die Landkarte auf dem Schal »exakt den Landkarten entspricht, die in Israel mit der Überschrift ›Israel‹ seit vierzig Jahren verkauft werden«[70]. Dass auf den offiziellen Karten keine Grenzen eingezeichnet sind, habe nur einen Grund: Es gibt keine von Israel anerkannten Grenzen.

Doch die so genannte Studie führte vor – im Parlament wurde das einfach nachgebetet –, wie eine positive Aussage zum Existenzrecht Israels demagogisch in ihr Gegenteil verkehrt wird durch Fragen wie: Man bekenne »sich zwar zu einem Existenzrecht Israels, das allerdings mit einer Fülle propalästinensischer Forderungen flankiert wurde, die faktisch Israels Existenz infrage stellen«[71] und sein Selbstver-

---

67   Deutscher Bundestag, Drucksache 16/10775 (neu).
68   Deutscher Bundestag, Plenarprotokoll 16/185, S. 19792.
69   Deutscher Bundestag, Plenarprotokoll 17/110, S. 12574.
70   Norman Paech: Am Pranger im Parlament. Die Linke und der Antisemitismus: Anmerkungen zu einer Debatte des Bundestages, in: junge Welt, 1.6.2011, S. 3.
71   Salzborn/Voigt: Antisemiten als Koalitionspartner?, a.a.O., S. 14.

teidigungsrecht. Diese »fundamentale« Wirkung habe die Forderung nach einem souveränen palästinensischen Staat, nach Freilassung der politischen Gefangenen, dem Abbau der israelischen Grenzsicherungsanlagen und der sofortigen Öffnung des Gaza-Streifens.

Teilnahme an antisemitischen/antiisraelischen Aktionen – Hans-Peter Uhl (CDU/CSU) beschuldigte DIE LINKE, sie habe sich in Bremen geweigert, einen Aufruf von »allen demokratischen Parteien« gegen eine Aktion von »Mitgliedern oder Freunden des Bremer Friedensforums zum Boykott israelischer Waren« zu unterzeichnen. Zunächst ist Uhls Argumentation doppelzüngig. Die CDU/CSU Bundestagsfraktion weigert sich bis heute, Erklärungen gegen Antisemitismus gemeinsam mit der Linksfraktion zu verabschieden. Diesen Prinzipien folgend hätte eine Unterschrift der Bremer LINKEN bewirken müssen, dass die Bremer CDU ihre Unterschrift zurückzieht. Das zeigt den instrumentellen Charakter der gesamten Aktuellen Stunde. Dies gilt auch für den Beitrag von Volker Beck (Bündnis 90/Die Grünen), der der LINKEN vorwarf, »dass man [!] israelische Produkte in Bremen boykottiert«, und der damit des Weiteren wahrheitswidrig suggerierte, DIE LINKE habe zu der Aktion aufgerufen oder sei – wie einst die SA – daran beteiligt gewesen. »Dazu passt eben, dass man israelische Produkte in Bremen boykottiert, wie das ehemals SA-Truppen getan haben, die vor jüdischen Geschäften standen.«[72] Ähnlich wie Volker Beck verfuhr auch Edelgard Bulmahn (SPD), wenn sie in ihrem Redebeitrag sagte: »Genauso wenig verstehe ich, wie man [!] zu einem Boykott israelischer Produkte aufrufen kann.«[73] Wie aus einer vergleichsweise subtilen Verleumdung – mit der unklaren Formulierung »man« – brutale Demagogie wird, zeigte Franz Josef Jung (CDU/CSU): »Es gab den Aufruf der Linken in Bremen zum Boykott israelischer Früchte.«[74] So wurde Schritt für Schritt – wie bei der Stillen Post – die Wahrheit immer mehr verzerrt, bis sie zur Lüge wurde.

---

72 Deutscher Bundestag, Plenarprotokoll 17/110, S. 12575.
73 Deutscher Bundestag, Plenarprotokoll 17/110, S. 12577.
74 Deutscher Bundestag, Plenarprotokoll 17/110, S. 12576.

Tatsächlich hat DIE LINKE in Bremen nicht zu der Boykott-Aktion im Rahmen der seit 2005 existierenden internationalen Kampagne *Boycott, Divestment and Sanctions* (BDS) aufgerufen. Sie hat dies in einem Positionspapier ausführlich begründet und zugleich dargelegt, warum sie sich auch nicht der parteiübergreifenden Stellungnahme gegen die Boykott-Aktion anschließen wollte. In diesem Positionspapier heißt es: »Der Aufruf, keine Waren aus Israel zu kaufen, erinnert in Deutschland an die Nazi-Kampagne ›Kauft nicht bei Juden‹ und kann daher ... vor allem jüdische MitbürgerInnen persönlich ... verletzen. ... Die Assoziation zur Nazi-Kampagne ›Kauft nicht bei Juden‹ beinhaltet unseres Erachtens die Gefahr, heutiges Unrecht gegenüber PalästinenserInnen mit damaligem Unrecht gegen Jüdinnen und Juden zu vergleichen und dadurch den Holocaust und die deutsche Schuld für den Holocaust zu relativieren.«[75]

Unterstützung antisemitischer Organisationen – Als Beleg für den angeblichen Antisemitismus der LINKEN wurde zudem die Beteiligung von zwei ihrer Bundestagsabgeordneten, Annette Groth und Inge Höger, sowie ihres ehemaligen Fraktionskollegen und Völkerrechtlers, Norman Paech, an der Gaza-Flottille vom Mai 2010 herangezogen.[76] Auf sechs Schiffen wollte damals eine große internationale Solidaritätsdelegation von einigen hundert Personen, darunter Nobelpreisträger, Parlamentsabgeordnete, Künstler, Schriftsteller, Friedensaktivisten aus über 30 Ländern, dringend benötigte zivile und humanitäre Güter in den abgeriegelten Gaza-Streifen bringen – um zu helfen und um darauf aufmerksam zu machen, dass die israelische Regierung seit dem Wahlsieg von Hamas den Gaza-Streifen blockiert und deshalb internationale Hilfen, selbst der UNO, die notleidende Bevölkerung kaum

---

75 DIE LINKE. Bremen: Warum wir uns der vorgeschlagenen Parteienstellungnahme »Keine Boykottaufrufe gegen Israel in unserer Stadt!« nicht anschließen. 10.5.2011, unter: www.dielinke-bremen.de [10.12.2014].

76 Zur Haltung der LINKEN zur Gaza-Flottille: Wolfgang Gehrcke: Kategorisch für den Frieden – DIE LINKE und der Nahost-Konflikt, in: clara, Ausgabe 16, 19.6.2010 oder Norman Paech: Angriff auf das Völkerrecht, in: junge Welt, 16.6.2010.

mehr erreichen. Am 31. Mai d.J. kaperte die israelische Marine diese Schiffe in internationalen Gewässern, sie tötete neun Zivilisten, verletzte zahlreiche weitere und entführte die Flottille in den israelischen Hafen Aschdod. Nicaragua brach daraufhin die diplomatischen Beziehungen zu Israel ab und forderte ein Ende der Gaza-Blockade, kritisch reagierten die EU und einige europäische Regierungen, der UNO-Sicherheitsrat verurteilte in einer Sondersitzung die Gewaltanwendung in internationalen Gewässern. Drei Jahre später, am 22. März 2013, entschuldigte sich dann Israels Ministerpräsident Netanjahu, wie die *Tagesschau* berichtete, bei seinem türkischen Kollegen Erdogan für »operative Fehler« bei der Militäraktion und die »tragischen Folgen« und sicherte zu, die Angehörigen der Opfer zu entschädigen.

Letzteres konnten die Abgeordneten während der aktuellen Stunde im Bundestag im Mai 2011 noch nicht wissen, aber die Blockade des Gaza-Streifens und ihre Folgen, die Geschichte der Flottille und die internationalen Reaktionen dürften ihnen bekannt gewesen sein. Allein: Das interessiert sie nicht. Im Zentrum der Vorwürfe hinsichtlich der Beteiligung an der Gaza-Flottille steht die Behauptung, an Bord hätten sich Islamisten befunden, wie es Christian Lange formulierte[77]; die Schiffsaktion »Free Gaza« sei »eine eindeutige Aktion zur Unterstützung der Hamas«, und die Fraktion DIE LINKE unterstütze offen die Hamas, wie Franz Josef Jung sagte – und auch die Hisbollah, wie Michael Kretschmer (CDU/CSU)[78] ergänzte.

Die Zusammenarbeit der LINKEN mit antisemitischen Organisationen und die Unterstützung von Hamas und Hisbollah sind nicht zu belegen, weil sie nicht existiert. Für DIE LINKE sind beide Organisationen weder sozialistisch, noch links, noch demokratisch. Sie bestreiten bzw. bestritten das Existenzrecht Israels, um ihre Ziele zu erreichen, bedienen bzw. bedienten sie sich terroristischer Mittel, sie verfechten ein Frauenbild, das dem der LINKEN völlig entgegensetzt ist. Da sie in ihrer Programmatik nicht auf die Freiheit des Menschen gerichtet sind, können sie *per definitionem* auch nicht Teil einer

---

77   Deutscher Bundestag, Plenarprotokoll 17/110, S. 12571.
78   Deutscher Bundestag, Plenarprotokoll 17/110, S. 12581.

Befreiungsbewegung oder der Friedensbewegung sein. Allerdings ist DIE LINKE vor allen anderen Bundestagsparteien dafür eingetreten, das Ergebnis der Wahlen von 2006 in Gaza anzuerkennen, bei denen Hamas die Mehrheit der Sitze errang, und den Dialog mit der Regierung in Gaza nicht zu verweigern. Ebenso ergibt es keinen Sinn, die Hisbollah im Libanon, die 40 Prozent der Sitze im Libanesischen Parlament innehat, aus Gesprächen auszuschließen.

Zu einem ähnlichen Ergebnis war im Januar 2010 Muriel Asseburg gekommen, Leiterin der Forschungsgruppe Nahost/Mittlerer Osten und Afrika der Stiftung Wissenschaft und Politik, das ist der Thinktank von Bundesregierung und Parlament. Zur Wiederbelebung des Nahost-Friedensprozesses sei die Beseitigung der Gaza-Blockade notwendig, schrieb sie in einer Kurzanalyse. Und: »Ohne eine Einbindung der Hamas kann dies allerdings nicht gelingen, ebenso wenig wie die Rückkehr zu demokratisch legitimierten Institutionen ... Ziel sollte dabei sein, die Hamas in die Verantwortung zu nehmen ...«[79] Und nur wenige Tage nach dem Überfall auf die Flottille unterstrich Asseburg, die Fortsetzung der Isolationspolitik gegenüber Hamas sei »nicht länger sinnvoll. Sie wird ohnehin in weiten Teilen der europäischen Politik und Öffentlichkeit mittlerweile als Fehler angesehen.«[80]

Bis sich die staatstragenden Kräfte im Deutschen Bundestag diese Positionen zu eigen machten, sollten allerdings noch Monate bis Jahre vergehen.

Gleichsetzung von Israel und Nazis – Sebastian Edathy (SPD) warf Norman Paech, dem ehemaligen Bundestagsabgeordneten der LINKEN, vor, in einem Offenen Brief an den israelischen Botschafter die Judenverfolgung im Dritten Reich mit dem Umgang Israels mit den Palästinensern verglichen zu haben. Um dies zu belegen, zitierte er aus diesem Dokument, in dem Paech fragte: »Ist Ihre Regierung

---

79 Muriel Asseburg: Obamas zweiter Anlauf im Nahost-Friedensprozess. Unilaterale Ansätze der Konfliktparteien sind keine Alternative, in: SWP-Aktuell 12, Januar 2010.

80 Muriel Asseburg: Die Gaza-Blockade beenden – aber wie?, in: SWP-Aktuell 51, Juni 2010.

angesichts der eigenen furchtbaren Geschichte so vollkommen unempfindlich geworden gegenüber dem Leid, welches durch den willkürlichen Raub der Heimat den eigenen Nachbarn angetan wird?«[81] Auch in den Auseinandersetzungen im Herbst/Winter 2014 mit den israelkritischen Journalisten Max Blumenthal und David Sheen wurde diesen unterstellt, dass sie Israel und Nazis gleichsetzten, als sie in verschiedenen Veröffentlichungen das Vorgehen Israels in Gaza mit dem Vorgehen der deutschen Nazis gegen Jüdinnen und Juden im Dritten Reich verglichen. Unabhängig davon, dass solche Vergleiche generell unangemessen sind, müssen sie trotzdem nicht antisemitisch sein, gerade wenn sie in der innerisraelischen Debatte häufiger benutzt werden.

Tatsächlich spricht das inkriminierte Zitat von Norman Paech den tiefen Kern des Nahost-Konflikts an: Aus der Sicht der Jüdinnen und Juden – und wir teilen diese Sicht – ist nach dem Grauen des Holocaust die Hoffnung auf einen sicheren Schutzraum in Form eines eigenen Staates allzu verständlich und berechtigt. Aus der Sicht der Palästinenserinnen und Palästinenser – und auch das gehört zur Wahrheit – sind die Vertreibung aus einem Gebiet, in dem sie viele Jahrhunderte lang gelebt haben, und der Verlust von Selbstbestimmung für die dort Verbliebenen Unrecht. Norman Paech appellierte in seinem Offenen Brief an die Menschlichkeit der stärkeren Konfliktpartei und erinnerte als Verstärkung seines Appells an die schreckliche Geschichte der Jüdinnen und Juden.

Übereinstimmung mit alten und neuen Nazis – Ohne jedweden Realitätsbezug war die Gleichsetzung der LINKEN mit der NPD durch den Freidemokraten Stefan Ruppert: »Es gibt aber Parteien ..., die sich bewusst davon distanzieren und jeder antisemitischen Tendenz entgegentreten. Das sind die Grünen, die SPD, die CDU, die CSU und die FDP. Bei der Partei Die Linke verhält es sich genauso wie am extremen rechten Rand bei der NPD.«[82]

---

81 Deutscher Bundestag, Plenarprotokoll 17/110, S. 12580.
82 Deutscher Bundestag, Plenarprotokoll 17/110, S. 12572.

2. JAGDSZENEN

Interessant ist, wie Stefan Ruppert die FDP zu einer Partei der weißen Weste reinzuwaschen versuchte. Er brüstete sich damit, dass in Hessen die Parteigeschichte der FDP nach 1945 im Hinblick auf die Mitgliedschaft ehemaliger Mitglieder der NSDAP untersucht werde.[83] Tatsächlich hatte die FDP in Hessen bis zu diesem Zeitpunkt keinerlei Anstrengungen unternommen, ihre braunen Verstrickungen nach 1945 aufzuarbeiten. Erst eine Untersuchung der Fraktion DIE LINKE im Hessischen Landtag hatte offen gelegt, dass in keiner anderen Fraktion, die noch heute im Landtag vertreten ist, so viele ehemalige Mitglieder der NSDAP waren wie gerade in der der FDP. »Von 59 überprüften hessischen Landtagsabgeordneten der FDP (sowie der Vorläuferorganisation LDP) wurde in 23 Fällen (38,9%) eine frühere NSDAP-Zugehörigkeit festgestellt.«[84] Der Anteil ehemaliger NSDAP-Mitglieder in der hessischen FDP-Landtagsfraktion stieg von 7,1 Prozent in der ersten Wahlperiode, 1946 bis 1950, kontinuierlich an auf 72,7 Prozent in der fünften Wahlperiode, 1962 bis 1966.[85] Übrigens war die KPD die einzige unter den Parteien, die jemals im hessischen Landtag vertreten waren, unter deren Landtagsabgeordneten kein einziges ehemaliges NSDAP-Mitglied festgestellt werden konnte.[86]

Im Unterschied zur LINKEN haben sich die anderen Fraktionen im Bundestag nicht mit der Nazi-Vergangenheit bzw. dem Antisemitismus ihrer Repräsentanten und Mitglieder auseinander gesetzt. Von der FDP auf westdeutscher Ebene ganz zu schweigen. *Wikipedia* hat eine lange – und nicht einmal vollständige – Liste ehemaliger NSDAP-Mitglieder veröffentlicht, die nach dem 8. Mai 1945 in der Bundesrepublik, der DDR und Österreich politisch tätig waren.«[87] Für die Bundesrepublik liest sich diese Liste wie ein Who is Who der

---

83   Deutscher Bundestag, Plenarprotokoll 17/110, S. 12572.

84   Hans-Peter Klausch: Braunes Erbe – NS-Vergangenheit hessischer Landtagsabgeordneter der 1.–11. Wahlperiode (1946–1987). Hrsg.: DIE LINKE. Fraktion im Hessischen Landtag, Wiesbaden 2011, S. 12.

85   Ebd., S. 13.

86   Ebd., S. 6.

87   http://de.wikipedia.org/wiki/Liste_ehemaliger_NSDAP-Mitglieder,_die_nach_Mai_1945_politisch_tätig_waren [10.12.2014].

politischen Elite: Bundeskanzler, Minister, Staatssekretäre, Diplomaten, Abgeordnete von Bundestag und Landtagen, führende Parteifunktionäre von CDU, CSU, SPD, FDP und Grüne sowie kurzlebiger Parteien. Allein unter Bundesministern, Bundeskanzlern und Bundespräsidenten finden sich folgende ehemalige NSDAP-Mitglieder: Karl Carstens, Rolf Dahlgrün, Horst Ehmke, Erhard Eppler, Josef Ertl, Hans-Dietrich Genscher, Hermann Höcherl, Kurt Georg Kiesinger, Waldemar Kraft, Hans Krüger, Theodor Oberländer, Walter Scheel, Karl Schiller, Gerhard Schröder (CDU), Richard Stücklen und Friedrich Zimmermann. Das sind die von *Wikipedia* genannten Namen. Laut Antwort der Bundesregierung auf eine Große Anfrage der Fraktion DIE LINKE waren noch mehr, mindestens 24 Angehörige von Bundeskabinetten einst Mitglieder der NDSAP gewesen, allesamt Politiker von CDU, CSU, SPD und FDP.[88] Nicht eingerechnet sind hier ehemalige Mitglieder anderer NS-Organisationen. Von den 184 bei *Wikipedia* aufgeführten, belasteten Politikerinnen und Politikern war nur eine einzige Person links von SPD und Grünen aufgeführt: Richard Scheringer, ehemaliges Mitglied der NSDAP und berühmter Reichswehroffizier, wurde ab 1931, als er sich während einer Festungshaft in einer Aufsehen erregenden Schrift von den Nazis abwandte und dazu aufrief, für die Freiheit mit den »revolutionären Arbeitern, Bauern und Soldaten« zu kämpfen, zu einem wichtigen Gegenspieler der Nazis. Nach 1945 saß er für die KPD im Gemeinderat in Kösching.

Israelkritik und antisemitischer Antizionismus – Dass sich drei Abgeordnete der LINKEN nach der Rede des israelischen Präsidenten Shimon Peres bei der Gedenkveranstaltung des Bundestages für die Opfer des Nationalsozialismus am 27. Januar 2010 nicht erhoben haben, wurde von Abgeordneten der SPD, CDU/CSU und FDP, Christian Lange, Franz Josef Jung, Patrick Kurth und Stefan Ruppert, als weiterer Beleg für Antisemitismus der LINKEN ange-

---

88 Vgl. Bundestagsdrucksachen 17/8134 und 17/4126, in: Heute im Bundestag (HiB) Nr. 010, 11.1.2012.

2. JAGDSZENEN

führt. In ihren Presseerklärungen[89] hatten die drei Abgeordneten der LINKEN geschrieben, dass sie sich zum Gedenken der Opfer des Holocaust sehr wohl erhoben hätten. Nicht ihnen, sondern dem Politiker Shimon Peres hätten sie mit ihrem Sitzenbleiben den Respekt verwehrt; er habe den Iran mit Nazi-Deutschland gleichgesetzt, wahrheitswidrig behauptet, der Iran verfüge über Nuklearwaffen und seine Rede zur ideologischen Kriegsvorbereitung genutzt. Man mag die Gedenkstunde des Bundestags für die Opfer des Holocaust nicht für den geeigneten Ort halten, um durch symbolische Gesten gegen die Politik der israelischen Regierung zu protestieren – doch antisemitisch sind diese Gesten mitnichten motiviert.

Manchmal fällt der Respekt vor dem *Hohen Haus* schwer; erschreckend ist, wenn sich eine parteiübergreifende Verbrüderung gegen DIE LINKE auf nichts anderes stützt ... als auf tief verwurzelten Antikommunismus oder Hass gegen alles Linke. Als Beispiel dafür sei abschließend Michael Kretschmer (CDU/CSU) zitiert: »Wenn in einer Partei, die im Deutschen Bundestag vertreten ist, deren Mitglieder Israel und Iran gleichsetzen, Raketenangriffe auf Israel rechtfertigen, zum Boykott israelischer Produkte aufrufen oder Hakenkreuze mit dem Davidstern auf ihrer Homepage dulden [...] oder wie wir gehört haben, die Hisbollah oder die Hamas unterstützen, dann ist das keine Kleinigkeit, dann ist das ein riesiger Skandal.« Das Protokoll vermerkt hier: »Beifall bei der CDU/CSU, der SPD, der FDP und dem BÜNDNIS 90/DIE GRÜNEN.« Kretschmer weiter: »Hinter dieser scheinbar rein antiisraelischen oder antizionistischen Politik und Propaganda lugt eben doch die hässliche Fratze des Antisemitismus hervor.«[90]

---

89   Sahra Wagenknecht: Erklärung zur Rede des israelischen Staatspräsidenten Shimon Peres im Bundestag am 27. Januar 2010, 1.2.2010, unter: www.sahra-wagenknecht.de [10.12.2014]; Christine Buchholz: Ich klatsche nicht für ideologische Kriegsvorbereitungen, 2.2.2010, in: http://christinebuchholz.de [10.12.2014]; Sevim Dağdelen: Erklärung zur Rede von Shimon Peres im Bundestag am 27. Januar 2010, 5.2.2010, unter: www.sevimdagdelen.de [10.12.2014].

90   Deutscher Bundestag, Plenarprotokoll 17/110, S. 12581.

Was tun, wenn das, was die Beschuldigten tatsächlich gesagt haben, nicht ins Konzept der Ankläger passt? Salzborn und Voigt wussten dafür ein probates Mittel: Dann seien deren Worte »scheinheilig«.[91]

Der Stil der Debatte erinnert eher an ein Ketzergericht als an eine seriöse Auseinandersetzung. Das legt den Schluss nah: Hier – und später wieder – ging es nicht gegen den Antisemitismus, sondern gegen DIE LINKE und alles was links ist. Der Verleger und Publizist Abraham Melzer, der im Fernsehen die Aktuelle Stunde beobachtet hatte und Zeuge »einer Party der Heuchelei, des Zynismus und der Arroganz« wurde, befand: »Alle Parteien haben sich zu einer heiligen Hetzjagd gegen die DIE LINKE verbündet.«[92] Und der frühere Abgeordnete der LINKEN, Norman Paech, der in der Aktuellen Stunde mehrfach »angeschossen« wurde, kommentierte: »Für viele Sternstunden der Debattenkultur ist der Bundestag ohnehin nicht bekannt, aber in dieser Stunde war es stockdunkel im Hohen Haus.«[93]

Wie hieß es noch bei Erich Fried:
...schreibt hinein, wen ihr hasst. / Schreibt einfach: die Kommunisten

---

Eine besondere Verantwortung gegenüber Israel und gegen jede Art von Antisemitismus, Rassismus, Unterdrückung und Krieg

Dr. Lukrezia Jochimsen (DIE LINKE) *in der Aktuellen Stunde im Bundestag, 25. Mai 2011*:
Herr Präsident! Liebe Kolleginnen und Kollegen! Wir haben wieder einmal eine Gleichsetzung von rechtsextrem und links erleben müssen.

---

91 Salzborn/Voigt: Antisemiten als Koalitionspartner? Manuskript, a. a. O., S. 13.
92 http://www.arendt-art.de [10.12.2014].
93 Norman Paech, Am Pranger im Parlament, unter: http://norman-paech.de [10.12.2014]

(Zurufe von der CDU/CSU: So ist es doch! – Das ist völlig in Ordnung!)

Ich finde das in diesem Haus nicht hinnehmbar.

(Beifall bei der LINKEN)

Wir haben gerade in diesem Hohen Haus erlebt, dass ein empörendes Zeichen hochgehalten wurde, gegen das die Linke Strafanzeige erhoben hat.

(Reinhard Grindel [CDU/CSU]: Das ist aus Ihrer Partei! – Gegenruf der Abg. Dr. Dagmar Enkelmann [DIE LINKE]: Das ist nicht aus unserer Partei! Machen Sie sich mal kundig! – Gegenruf des Abg. Michael Kretschmer [CDU/CSU]: Es ist auf Ihrer Homepage!)

Es ist fälschlicherweise auf die Website gekommen, und wir haben Strafanzeige dagegen erhoben.

(Michael Kretschmer [CDU/CSU]: Was heißt denn »fälschlicherweise«? Wie kommt denn fälschlicherweise etwas auf die Homepage?)

Hier ist von dem Einsatz für die Freilassung des Soldaten Schalit gesprochen worden. Darf ich Sie alle daran erinnern, wer in diesem Haus zuerst einen solchen Antrag gestellt hat?

(Beifall bei der LINKEN)

Es war die Fraktion Die Linke. Darf ich Sie daran erinnern, dass es Ihre Fraktion war, die gesagt hat: »Mit der Linken zusammen machen wir einen solchen Antrag in diesem Parlament nicht«?

(Philipp Mißfelder [CDU/CSU]: Aus gutem Grund! – Dr. Dagmar Enkelmann [DIE LINKE]: Genau so war es!)

Das zeigt Ihre Doppelmoral und Ihren Umgang mit der Wahrheit.

(Beifall bei der LINKEN)

Nein, wir brauchen uns nicht von irgendetwas abzukehren.

(Reinhard Grindel [CDU/CSU]: Bekennen Sie sich einmal!)

Unsere Parteispitze hat eine klare Haltung zu Antisemitismus und antiisraelischen Positionen.

(Dr. Dagmar Enkelmann [DIE LINKE]: Natürlich! – Zuruf von der SPD: Da haben wir wohl etwas verpasst!)

Wir haben genug Belege. Ich könnte es Ihnen jetzt einfach machen und sagen, dass es eine Unverschämtheit ist, dass ausgerechnet die CDU von Globke, Filbinger, Kiesinger und Oettinger und die FDP von Mende und Möllemann uns antisemitische und israelfeindliche Positionen vorwerfen.

(Beifall bei der LINKEN)

Ich könnte es auch uns einfach machen und die Unwahrheiten, die Halbwahrheiten, die Verdrehungen und die fehlenden Belege des von Ihnen als wissenschaftliche Untersuchung bezeichneten politischen Positionspapiers

(Dr. Dagmar Enkelmann [DIE LINKE]: Das ist wie bei zu Guttenberg! So wissenschaftlich!)

aufzählen und beschreiben. Ich nenne Ihnen nur ein einziges Beispiel. Wolfgang Gehrcke, mein Kollege, wird in diesem Papier im Zusammenhang mit einem Buch angegriffen. Es heißt, dieses Buch enthalte antizionistischen Antisemitismus. Wolfgang Gehrcke hat in diesem 2009 erschienenen Buch ein Fazit geschrieben, das ich Ihnen jetzt mit Erlaubnis des Präsidenten vorlese: Der Holocaust, die Verbrechen des deutschen Faschismus und seiner Helfer, der Mitläufer und Weg-Seher, begründet das besondere, nicht auflösbare Verhältnis Deutschlands zu Israel. Nach dem Holocaust hätte die Linke verstehen müssen, dass der Zionismus mit seinem konkreten Ziel der territorialen Eigenständigkeit eine angemessene Antwort auf das fundamentale Bedürfnis des über Jahrhunderte verfolgten jüdischen Volkes nach Sicherheit war. Das soll ein Beweis für die antisemitische, antizionistische Haltung des Kollegen Gehrcke, des Autors Gehrcke und damit der Linksfraktion sein?

(Beifall bei der LINKEN – Wolfgang Gehrcke [DIE LINKE]: Danke! – Dr. Stefan Ruppert
[FDP]: Eine verpasste Chance! Schade! Sie hätten sich jetzt distanzieren können!)

Es ist vielleicht nur ein Aperçu am Rand der Geschichte: Am 16. Dezember 2009 hat der Botschafter des Staates Israel Herrn Gehrcke einen Brief geschrieben, in dem stand: Den Jahreswechsel habe ich zum Anlass genommen, Ihnen zu Ehren einen Baum im Wald der deutschen Länder in Israel pflanzen zu lassen. Ich hoffe, Ihnen damit eine Freude bereitet zu haben. Wissen Sie: Sie führen eine wissenschaftliche Untersuchung an, und dies ist die Wahrheit.

(Dr. Dagmar Enkelmann [DIE LINKE]: Ja! – Manfred Grund [CDU/CSU]: Aha! Und Sie wissen das? Sie kennen die Wahrheit?)

So gehen Sie hier im Parlament mit uns um, nur um Stimmungsmache zu betreiben.

(Beifall bei der LINKEN – Dr. Martin Lindner [Berlin] [FDP]: Ach! Das machen Sie schon selber! Da brauchen wir doch gar nichts zu tun! – Manfred Grund [CDU/CSU]: Das Wahrheitsmonopol haben Sie heute nicht mehr! Das hatten Sie in der DDR!)

Ich sage Ihnen noch etwas anderes: Für mich ist das große gesellschaftliche Problem des Antisemitismus in Deutschland zu bedrängend und zu ernst, um es im Parlament mit dem üblichen Politreflex zu behandeln.

(Beifall bei der LINKEN)

Grundsätzlich ist festzuhalten, dass die Linke eine Grundposition vertritt, die bedeutet, gegen jede Form des Antisemitismus in der Gesellschaft vorzugehen. Außerdem haben wir ein für alle Mal beschlossen – ich zitiere – ... dass Deutschland wegen der furchtbaren Verbrechen der Deutschen an den Jüdinnen und Juden während des Nationalsozialismus eine besondere Verantwortung gegenüber Israel und gegen jede Art von Antisemitismus, Rassismus, Unterdrückung und Krieg hat.

Diese Verantwortung ist nicht relativierbar; sie schließt das Bemühen um einen palästinensischen Staat und die Garantie des Existenzrechtes Israels ein. Die Linke vertritt diese Position nach innen: Boykottaufrufe sind in unseren Augen nicht hinnehmbar,

(Beifall bei der LINKEN)

und wir dulden Antisemiten nicht.

(Zuruf von der CDU/CSU: Ach! Das glauben doch noch nicht mal Ihre eigenen Funktionsträger, was Sie da erzählen!)

Die Linke vertritt diese Position auch nach außen, indem wir auf Demonstrationen, mit Tausenden von Aktionen, in parlamentarischen und außerparlamentarischen Gruppen, in Büchern und Vorträgen Gesicht zeigen.

(Josef Philip Winkler [BÜNDNIS 90/DIE GRÜNEN]: Und was war jetzt mit Shimon Peres?)

Es gibt in unserer Gesellschaft Antisemiten, und zwar nicht wenige. Warum ist das so? Weil in unserer Gesellschaft immer noch und immer wieder antisemitische und rassistische Haltungen aufbrechen; die Vorredner haben es erwähnt. Dies, liebe Kolleginnen und Kollegen, ist unser gemeinsames Problem.

(Zuruf von der CDU/CSU: Nein! Sie sind das Problem!)

Dagegen müssen wir vorgehen. Betreiben wir aber bitte nicht, wie es aktuell geschieht, aus parteipolitischem Kalkül und mithilfe von Pseudowissenschaft eine oberflächliche Stimmungsmache, nur um den Ruf einer Partei zu schädigen.

(Beifall bei der LINKEN – Patrick Kurth [Kyffhäuser] [FDP]: Das machen Sie doch selbst! – Dr. Stefan Ruppert [FDP]: Ich bin fassungslos! Sie haben wieder eine Chance vertan!)

Deutscher Bundestag
17. Wahlperiode – 110. Sitzung
Berlin, Mittwoch, den 25. Mai 2011

3. Kapitel

Der Experten-Bericht: Eher Rechte als Linke neigen zu Antisemitismus

> *Wissenschaftliche Analysen und Interpretation*
> *des Problems der Judenfeindschaft, die sich nicht in den Dienst*
> *manichäischer Weltsicht nehmen lassen dürfen,*
> *werden ... fanatisch diffamiert.*
> Wolfgang Benz

Am 4. November 2008 hatte der Deutsche Bundestag die Regierung nicht nur beauftragt, in Deutschland Antisemitismus energisch zu bekämpfen und jüdisches Leben zu fördern, sondern auch einen unabhängigen Expertenkreis einzuberufen.[94] Mit dieser Aufgabe war der damalige Innenminister Schäuble betraut. Am 9. September 2009 begann der Expertenkreis seine Arbeit; er legte im Herbst 2011 der Bundesregierung seinen Bericht[95] »Antisemitismus in Deutschland – Erscheinungsformen. Bedingungen, Präventionsansätze« vor, im Folgenden kurz *Bericht,* der dann dem Bundestag und Bundesrat sowie der gesamten deutschen Öffentlichkeit zugänglich gemacht wurde.

---

94 Vgl. Drucksache 16/10775 (neu) und 16/10776.

95 Bericht des unabhängigen Expertenkreises Antisemitismus. Antisemitismus in Deutschland – Erscheinungsformen, Bedingungen, Präventionsansätze. Deutscher Bundestag, Drucksache 17/7700, 10.11.2011. Er wird künftig als Bericht zitiert. Die Koordination der Arbeit des unabhängigen Expertenkreises oblag Peter Longerich, Holocaust Centre, Royal Holloway College, University of London, und Juliane Wetzel, Zentrum für Antisemitismusforschung, TU Berlin.

Nachdem sich zu diesem Zeitpunkt der Mainstream in Politik und Medien mit dem Antisemitismus-Vorwurf auf DIE LINKE eingeschossen hatte, stand die Arbeit der Expertengruppe unter argwöhnischer Beobachtung namentlich der selbsternannten Antisemitismus-Spezialisten um Henryk M. Broder (wobei mit Wahied Wahdat-Hagh einer unter den Experten war, der in Broders Politblog *Achse des Guten* geschrieben hatte) und seiner eifrigen Helfer, eifernden Zuträger und unerschrockenen Denunzianten.[96]

Kaum hatte der *Bericht* des unabhängigen Expertenkreises[97] das Licht der Welt erblickt, unterzog ihn Clemens Heni[98], ein Mitstreiter Broders, einer *schonungslosen* Kritik. Den einen seiner Verfasser, Armin Pfahl-Traughber[99], hatte Heni schon Monate zuvor als »Superhelden der Antisemitismusforschung« aufs Korn genommen. Pfahl-Traughber hatte in der *taz* vom 16. Juni 2010, eine Aussage des spätere Berichtes vorwegnehmend, so ketzerische Aussagen gemacht wie: »… nicht jeder Diskurs, der Gemeinsamkeiten von israelischem und nationalsozialistischem Vorgehen behauptet, dürfte durch eine Apologie des NS-Regimes motiviert sein.« Und: »Anspielungen im Sinne einer Gleichsetzung von Israel und Nationalsozialismus dienen daher der politischen Diffamierung des jüdischen Staates. Der historische Unsinn … kann aber nur dann als Ausdruck von Antisemitismus gelten, wenn

---

96 So wird in einem Offenen Brief an die israelische Botschaft vom Blogger Fidelches Cosmos die diplomatische Vertretung Israels auf den »antisemitischen Antizionismus« der Linkspartei, der Wochenzeitung der Freitag, der jungen Welt sowie auf zahlreiche namentlich genannte »Israelgegner« und »jüdischen Kronzeugen« gegen den Staat Israel »aufmerksam« gemacht.

97 Zu den Experten gehören Aycan Demirel, Olaf Farschid, Elke Gryglewski, Johannes Heil, Peter Longerich, Armin Pfahl-Traughber, Martin Salm, Julius H. Schoeps, Wahied Wahdat-Hagh, Juliane Wetzel.

98 Aus Broders Umfeld. Er publiziert im Internet unter seinem Namen und dem Zusatz: Wissenschaft und Publizistik als Kritik.

99 Armin Pfahl-Traughber, Politikwissenschaftler und Soziologe. Ab 1994 wissenschaftlicher Mitarbeiter im Bundesamt für Verfassungsschutz. Seit 2008 gibt er das Jahrbuch für Extremismus- und Terrorismusforschung heraus.

3. DER EXPERTEN-BERICHT

die konstitutive Eigenschaft dieser Diskriminierungsideologie nachweisbar ist: Feindschaft gegen Juden als Juden.«[100] Heni empört: »Antifaschistischer, linker Antisemitismus ist doch der Kern des Problems« und: »Israel ist ein jüdischer Staat, wer gegen Israel ist, ist gegen Juden. Kapiert eigentlich jedes Kind. Doch nicht so Experten und deutsche Superhelden der Forschung und Publizistik, wie es scheint.«[101]

Nach Veröffentlichung des *Berichts* Ende 2011 prangert Heni als ungeheuerlich dessen Feststellung an: »Nicht jede einseitige oder undifferenzierte Kritik an Israel ist jedoch antisemitisch.« Und unerträglich erschien ihm, dass der *Bericht* die Gefahr des Antisemitismus primär und grundsätzlich auf der Rechten verortet, wenn ausgeführt wird: »Rechtsextremistische Organisationen sind aus historischen und ideologischen Gründen nach wie vor der bedeutsamste politische Träger des Antisemitismus.«[102] Dass die politisch motivierten antisemitischen Straftaten ebenfalls fast ausschließlich auf das Konto von Rechtsextremisten[103] gehen, nimmt Heni nicht zur Kenntnis, denn für ihn kommt die Gefahr von links. Für skandalös hält er zudem, dass der *Bericht* über die deutsch-iranischen Beziehungen schweige. Der Kern von Henis Kritik ist, dass die »antiimperialistischen Israelfeinde« vor antideutscher Kritik »in Schutz« genommen und der Antisemitismus in Deutschland verharmlost werde. Ganz besonders kreidet er den Verfassern die von ihnen verwendete Literatur bzw. »die Leerstellen« an sowie generell die Auswahl der Autoren, deren Unabhängigkeit er bestreitet.[104] Zu Werner Bergmann[105] vom Zentrum für Antisemitismusforschung (ZfA) an der TU Berlin und weiteren Fachleuten äußert sich die oberste Instanz, Henryk M. Broder himself. Bergmann habe

---

100 Armin Pfahl-Traughber, Kritik ist nicht gleich Kritik, in: taz, 16.7.2010, unter: www.taz.de [13.12.2014].

101 http://clemensheni.wordpress.com/2010/07/16/superhelden-der-antisemitismusforschung-teil-1-armin-pfahl-traughber/.. [10.12.2014].

102 Bericht, a.a.O., S. 14.

103 Ebd., S. 41.

104 http://clemensheni.net/2011/11/12/neuseelandkritik/ [10.12.2014].

105 Werner Bergmann ist Professor für Soziologie und Mitarbeiter des Zentrums für Antisemitismusforschung (ZfA) an der TU Berlin.

in einer wissenschaftlichen Publikation geschrieben, dass heute im historischen Vergleich mit der Zeit vor 1945 der Antisemitismus gesamtgesellschaftlich »an den Rand gedrängt« wurde wie selten zuvor. »Das ist zweifellos richtig«, so Broder. »Verglichen mit der Zeit vor 1945, geht es den Juden in Deutschland richtig gut. Sie müssen keinen gelben Stern tragen und nicht befürchten, deportiert zu werden; sie können sich ihren Sitzplatz im Zug selbst aussuchen.«

Warum so verkniffen und wütend? Der *Bericht* hat offenkundig die eingefahrenen und medial so erfolgreich breitgetretenen Vorurteile gegen links und den angeblichen linken Antisemitismus nicht – oder nicht ausreichend – bedient.

Zum Antisemitismus hält der Expertenkreis zunächst fest, dass es keine allgemeingültige Definition des Antisemitismus gebe. Er selbst stellt die für ihn maßgeblichen drei Kriterien[106] vor:

»*Erstens*, Antisemitismus meint Feindschaft gegen Juden als Juden, das heißt der entscheidende Grund für die artikulierte Ablehnung hängt mit der angeblichen oder tatsächlichen jüdischen Herkunft eines Individuums oder einer Gruppe zusammen, kann sich aber auch auf Israel beziehen, das als jüdischer Staat verstanden wird.

Zweitens, Antisemitismus kann sich unterschiedlich artikulieren: latente Einstellungen, verbalisierte Diffamierungen, politische Forderungen, diskriminierende Praktiken, personelle Verfolgung, existenzielle Vernichtung.

Drittens, Antisemitismus kann in verschiedenen Begründungsformen auftreten: religiös, sozial, politisch, nationalistisch, rassistisch, sekundär und antizionistisch.«[107]

Diese drei Kriterien werden vom Expertenkreis im Anschluss erläutert. Bei dem *ersten Kriterium* handelt es sich um eine Bestimmung von Antisemitismus auf einer »grundsätzlichen Ebene« als »Sammelbezeichnung für alle Einstellungen und Verhaltensweisen, die den als Juden wahrgenommenen Einzelpersonen, Gruppen oder Institutionen aufgrund dieser Zugehörigkeit negative Eigenschaften unter-

---

106 Bericht, a. a. O., S. 4.
107 Ebd., Hervorhebungen durch den Verfasser.

stellen. Ist etwa die Abneigung gegen Juden ausschließlich durch deren individuelles Auftreten motiviert, so kann man nicht von einer antisemitischen Einstellung sprechen«.[108] In dieser Erläuterung klingt bereits das wesentliche Unterscheidungskriterium dafür an, ob eine Äußerung oder Handlung antisemitisch ist oder nicht. Der Expertenkreis erklärt dies explizit: »Bei der Beantwortung der Frage, ob eine bestimmte Aussage antisemitisch einzuschätzen sei, bedarf es immer der Beachtung des Kontextes. Hierfür sind die eigentliche Motivation des Akteurs, die Rahmensituation des Diskurses und die spezifische Situation des Objekts von Bedeutung.«[109] Deshalb betonen die beiden folgenden Kriterien das *kann*, denn sie *können* in bestimmten Zusammenhängen eine antisemitische Haltung oder Handlung bedeuten, tun dies aber in anderen nicht, nicht immer und nicht zwingend.

Bei dem *zweiten Kriterium* handelt es sich um eine Darstellung der Handlungsformen, in denen Antisemitismus auftreten *kann*, wobei diese Handlungsformen von »latenten Einstellungen« bis hin zur »systematischen Vernichtung« in Eskalationsstufen reichen. Mit dem *dritten Kriterium* nimmt der Expertenkreis eine Aufzählung verschiedener Formen von Antisemitismus »bezüglich der inhaltlichen Begründung« vor. Als *religiösen Antisemitismus* beschreibt der Expertenkreis Vorwürfe wie den des »Gottesmordes« und des »Ritualmordes«. Der *soziale Antisemitismus* trat im Mittelalter in der Kennzeichnung von Juden »als ausbeuterische und unproduktive ›Händler‹ und ›Wucherer‹« in Erscheinung, später als Klischee vom »jüdischen Finanzkapital«. Den *politischen Antisemitismus* sieht der Expertenkreis verbunden mit der Behauptung einer »jüdischen Verschwörung«, die angeblich »hinter Kriegen, Revolutionen oder Wirtschaftskrisen« stünden. Eine moderne Variante des politischen Antisemitismus seien Verschwö-

---

108 Ebd., S. 9.

109 Ebd., S. 10. Als Beispiel nennt der Expertenkreis den häufigen Gebrauch des Schimpfwortes »Jude« durch Jugendliche, ohne dass diese ein »Bewusstsein für den diffamierenden Inhalt und mögliche antisemitische Konnotationen« haben. Deshalb lasse sich »hier nur bedingt von einer antisemitischen Motivation sprechen«, die Jugendlichen reproduzieren »unbewusst einen antisemitischen Diskurs.«

rungstheorien, die im Zusammenhang mit den Terroranschlägen vom 11. September 2001 »ein angebliches konspiratives Wirken des israelischen Geheimdienstes behaupten«. Der *nationalistische Antisemitismus* sehe »in den Juden eine ethnische, kulturelle oder sozial nicht zur jeweiligen Nation gehörende Minderheit, die als fremd wahrgenommen und der Illoyalität gegenüber der Nation unterstellt wird«. Durch Religionsübertritt oder Assimilation könne zumindest theoretisch die Diskriminierung in der nationalistischen Variante des Antisemitismus überwunden werden, was sie vom *rassistischen Antisemitismus* unterscheide. Dieser bewerte »alle Juden aufgrund ihrer Zugehörigkeit zu einem angeblich biologischen Kollektiv negativ«. Juden gelten »als Angehörige einer ›Rasse‹ und nicht allein einer Religion«, »obwohl die Vorstellung einer ›jüdischen Rasse‹ […] wissenschaftlich völlig unhaltbar ist.«[110] Unter *sekundärem Antisemitismus* fasst der Expertenkreis Phänomene, »die sich aus dem Bedürfnis einer Schuldabwehr nach der Shoah ergeben«, wozu »der Vorwurf einer jüdischen Mitschuld an der Verfolgung, der Versuch einer Täter-Opfer-Umkehr, Forderungen nach einem Schlussstrich und die Behauptung, die Erinnerung an den Holocaust diene zur Erpressung finanzieller Mittel«, sowie »die Relativierung oder Leugnung des Holocaust« zählen. Der *antizionistische Antisemitismus* tritt laut Expertenkreis »unter dem Deckmantel einer Ablehnung der Innen- und Außenpolitik des Staates Israel auf«. Er bestehe »im Kern aus einer besonderen ideologischen Verzerrung und pauschalen Diffamierung des jüdischen Staates …, die sich zugleich traditioneller antisemitischer Stereotype bedient. Dabei lässt sich das eigentliche Motiv für die Aversion gegen Israel einzig in der Existenz des jüdischen Staates ausmachen. Nicht jede einseitige oder undifferenzierte Kritik an Israel ist jedoch antisemitisch.«[111]

Für die aktuellen Debatten um angeblichen Antisemitismus in der LINKEN ist der Vorbehalt des *Kann* besonders relevant und wird auch vom »Bericht« besonders betont: Antisemitismus *kann* sich in der Gestalt von Antizionismus äußern, doch der Umkehrschluss ist nicht le-

---

110   Ebd., S. 11.
111   Ebd.

gitim, denn Antizionismus muss nicht antisemitisch motiviert sein; im Gegenteil: er kann durchaus im Interesse von Juden begründet und in der Solidarität mit Israel verwurzelt sein. Dennoch wünschte man sich gerade an diesem Punkt ein wenig mehr Klarheit oder auch Mut von den Experten. Wiederholt nämlich ist im *Bericht* undifferenziert von »antizionistischem Antisemitismus« die Rede. Auch wird Israel als »jüdischer Staat« apostrophiert. Da »jüdisch« die Zugehörigkeit zur jüdischen Religion bezeichnet, wird Israel mit dieser Bezeichnung als Staat charakterisiert, der auf einer Staatsreligion basiert. Trotz dieser und anderer Unschärfen gibt der *Bericht* hier hinreichend deutliche Kriterien, um zwischen Antizionismus und Antisemitismus zu unterscheiden. Der Expertenkreis weist zu Recht darauf hin, dass nicht jede einseitige oder undifferenzierte Kritik an Israel antisemitisch sei. Auch hier wäre es hilfreich gewesen, zur Unterscheidung zwischen antisemitischer und nicht-antisemitischer Kritik an der israelischen Politik eindeutigere Kriterien zu erfahren. Denn »Einseitigkeit, Intensität, Schärfe und Unangemessenheit« der Kritik, die von den Experten als Kriterien genannt werden, müssen stets auf die einschränkende Kann-Bestimmung hin analysiert werden.

Was »linksextremistisch« ist, bestimmt der Verfassungsschutz

Der *Bericht* konzentriert die Frage nach dem sogenannten Antisemitismus der Linken auf den »Linksextremismus«[112]. Für eine etwas differenziertere Klärung dieser Begrifflichkeit fehlte der Expertenrunde offensichtlich die Kompetenz oder der Wille, weshalb sie die Zuordnungen des Verfassungsschutzes übernimmt. Der *Bericht* stellt den »Linksextremismus« als ein politisch inhomogenes Lager dar, dem anarchistische und kommunistische Bestrebungen angehören, die zum Teil mit, zum Teil ohne Gewalt ihre Ziele verfolgen; marxistisch-leninistische Organisationen und Parteien, wie die DKP (an der DDR orientiert), die

---

112 Ebd., hier insbesondere die Seiten 23-29.

MLPD (maoistisch), 28 trotzkistische Gruppen, darunter marx21 und die Sozialistische Alternative Voran (SAV), die »aufgrund ihrer partiell fassbaren Unterwanderungspolitik gegenüber der Partei ›Die Linke‹ von Bedeutung sind«, sowie die Tagezeitung *junge Welt*. Zu den »gewaltbereiten Angehörigen« des linksextremistischen Lagers zählt der *Bericht* die Autonomen, in deren »Spektrum ... weniger eine ausgeprägte Ideologie als vielmehr emotionale Subjektivität« im Zentrum stehe. In deren Kontext werden die »Antideutschen« gerückt: »Sie lehnen die Existenz einer deutschen Nation und eines deutschen Staates rigoros ab und erklären sich gleichzeitig bedingungslos solidarisch mit Israel als Staat der Opfer des deutschen Nationalsozialismus.«

Rechts gleich Links? Die Extremismustheorie

Mit dem Zusammenbruch des »sozialistischen Weltsystems« ging dem Kapitalismus der kommunistische Feind verloren, und die Totalitarismustheorie büßte ihre Bedeutung im ideologischen Kampf gegen die Gegner des Kapitalismus ein. An ihre Stelle trat die Extremismustheorie. Vor allem »Ideologen aus dem Umfeld von Uwe Backes (Hannah-Arendt-Institut für Totalitarismusforschung an der TU Dresden) und Eckhard Jesse (TU Chemnitz)« haben sich, so Markus Bernhardt[1], um die Popularisierung des Extremismusbegriffes in der Öffentlichkeit bemüht – mit Erfolg. »Nach Jesse und Backes soll ›politischer Extremismus‹ als Sammelbezeichnung für Gesinnungen und Bestrebungen fungieren, die sich in der Ablehnung des Verfassungsstaates und seiner Werte und Spielregeln einig wissen.« Jedoch sei die »Klassifizierung von Gruppierungen oder Parteien als verfassungskonform, radikal oder extremistisch vorrangig von Sicherheitsbehörden« zu treffen, an deren Ausbildung und Schulung sich Jesse und Backes beteiligt haben. Nach dieser

---

1 Markus Bernhardt: Das braune Netz. Naziterror – Hintergründe – Verharmloser – Förderer, Köln 2012.

Theorie gehen die Gefahren für die herrschende Demokratie und den Rechtsstaat in seiner jetzigen Form von der Linken mit ihren antikapitalistischen und antifaschistischen Alternativen aus – und zwar ungeachtet der Tatsache, dass das Grundgesetz Alternativen zum kapitalistischen System nicht ausschließt und den Faschismus ächtet. Die *Extreme* von links und rechts, die sich der gleichen Mittel bedienten, berührten einander »an den Rändern des demokratischen Verfassungsbogens«, seien sich »sehr nahe, brauchen einander« (Hufeisen-Modell).[2] Neonazis gelten als Extremisten, nicht aber die Neue Rechte, rechtspopulistische Organisationen und z. B. auch die Republikaner[3] nicht. Aufgrund dieser Theorie werden nicht nur die Partei DIE LINKE und zahlreiche ihrer Funktionsträger, Bundestagsabgeordnete sind inzwischen ausgenommen, vom Verfassungsschutz observiert, sondern auch viele links-alternative Nazi-Gegner, während die Rechte ihr mörderisches Unwesen treiben kann. Als Parteien der Mitte gelten alle von den Republikanern bis zu den Grünen; sie sind mit dem Demokratie-Siegel ausgezeichnet, und großzügig übersehen werden braune Flecken wie Nazi-Vergangenheit und Neonazi-Gegenwart von Mitgliedern sowie Rassisten, Antisemiten, Ausländerfeinde u. ä. Für die hessische CDU hat das eindrücklich Achim Kessler[4] nachgewiesen. Allgemein wird verschwiegen, dass im Unterschied zu linken Parteien diejenigen der »Mitte« nach 1945 Alt-Nazis nicht einfach nur in ihren Reihen, sondern auch in die Landesparlamente geschickt hatten: 71 vor 1945 überzeugte Nazis in den Niedersächsischen, 75 in den Hessischen Landtag, so der Historiker Hans-Peter Klausch.[5]

2   Ebd., S. 64.
3   Die Alternative für Deutschland (AfD) gehört heute in dieses Spektrum.
4   Achim Kessler: Brauner Sumpf. Warum die Entnazifizierung der hessischen CDU bis heute noch aussteht, in: junge Welt, 19.1.2012.
5   Markus Bernhardt, a. a. O., S. 66, 80.

Im Selbstverständnis des »Linksextremismus«, so der *Bericht* habe Antisemitismus keinen Platz, könne aber »in der Praxis durchaus eine Rolle« spielen.[113] Weiter heißt es: Judenfeindschaft habe in der KPD als Ausdruck falschen Bewusstseins gegolten. Mit Antisemitismus hätten die »Herrschenden die Massen von ihrem Weg zum Sozialismus abbringen« wollen. Nur aus diesem Grund, »nicht aus Solidarität«, wissen die Experten und schauen dabei den Kommunisten tief in die Seele, »wandten sich die Kommunisten gegen den Antisemitismus«.[114] Wenn man den Experten für Antisemitismus zu Gute hält, dass sie keine Experten für die europäischen kommunistischen Bewegungen sind, kann man verstehen, dass ihr *Bericht* hier einen Gegensatz sieht, wo keiner vorliegt: Für Kommunisten gehören der Kampf gegen falsches Bewusstsein und grundsätzliche Solidarität mit den Opfern von Judenfeindschaft und politisch motiviertem Antisemitismus zusammen; wobei die Erkenntnis, dass Antisemitismus oder Rassismus und andere menschenverachtende Ideologien zur Legitimation kapitalistischer Herrschaftsverhältnisse in Dienst genommen wurden und werden, eine stabile Grundlage ihrer Kritik ausmacht.

Doch immerhin wird auch in der Formulierung der Experten deutlich, dass die KPD den Antisemitismus für nicht kompatibel mit dem Sozialismus hielt. Sie schlussfolgern: »Daher können auch für die Geschichte des Linksextremismus keine feststehenden antisemitischen Grundpositionen ausgemacht werden«. Nach 1945 knüpften die KPD und später die DKP an die Positionen der KPD in der Weimarer Zeit an und verbanden diese, so der *Bericht*, mit »Antiamerikanismus« und einer Kritik des Zionismus als einer Ideologie der jüdischen Bourgeoisie. Im »Kalten Krieg und mit den stalinistischen Säuberungen in den frühen 1950-er Jahren« habe die DDR eine »antiimperialistische Rhetorik« und einen »staatsdoktrinären Antizionismus« übernommen. »Nach SED-Vorbild nahm die DKP judenfeindliche Ereignisse in der Bundesrepublik auf, um damit die bundesdeutsche Gesellschaft im Rahmen der ›Antifaschismus‹-Agitation als politisch anfällig für

---

113   Bericht, a. a. O., S. 24.
114   Ebd.

derartige Tendenzen kritisieren zu können, und behielt die eindeutig antiisraelische und proarabische Grundposition bis in die Gegenwart bei.«[115] Dieses taktische Verhältnis zum Antisemitismus (nach SED-Vorbild) sei bis heute auch in Teilen der Partei DIE LINKE beheimatet. Obwohl der *Bericht* in diesem Spektrum somit durchaus eine – wie auch immer latente – »antisemitische Disposition« behauptet, stellt er doch immerhin grundsätzlich eine fehlende antisemitische Grundposition bei der politischen Linken fest.

Als Beispiele für antisemitische Aktionen des »Linksextremismus« werden im *Bericht* der geplante Bombenanschlag auf das jüdische Gemeindehaus in Berlin am 9.11.1969 genannt, den die »Tupamaros Westberlin« verantworteten, und die Entführung einer Air-France-Maschine am 27.6.1976 auf dem Weg von Tel Aviv nach Paris durch das »Kommando Che Guevara«. Gerade diese beiden Beispiele vermögen nicht im Mindesten als pars pro toto – und schon gar nicht für die Gegenwart – zu überzeugen. Aus gutem Grund lässt der *Bericht* offen, inwiefern die beiden genannten Gruppierungen typisch, repräsentativ für den von ihm so genannten Linksextremismus waren und heute seien – von KPD, SED, DDR, DKP, DIE LINKE usw. ganz zu schweigen.

Klar zurückgewiesen wird im *Bericht* die ebenso verbreitete wie beliebte Vorhaltung, es gebe »strukturelle Gemeinsamkeiten zwischen linker Ideologie und Antisemitismus«. Selbst »Israel- und Kapitalismuskritik« müsse nicht zwangsläufig antisemitisch motiviert sein, so der *Bericht*. In Übereinstimmung mit anderen wissenschaftlichen Untersuchungen, »kommt es doch bei einer Einschätzung auf die Absicht und Grundposition der Kritik an«.[116] Inhaltliche Anknüpfungspunkte für Antisemitismus in der Israelkritik des »Linksextremismus«

---

115 Ebd., S. 24f.

116 Eine ausführliche, differenzierte Auseinandersetzung mit der Frage, ob Israelkritik generell als antisemitisch zu werten sei und mit den statistischen Erhebungen zu dieser Frage in verschiedenen Ländern, findet sich bei: Wilhelm Kempf: Muster der Israelkritik und ihre Beziehung zum modernen Antisemitismus, in: conflict & communication online, Vol. 9, No. 1, 2010.

finden die Experten in deren »Einseitigkeit, Intensität, Schärfe und Unangemessenheit«. Dabei würden doppelte Standards an Israel angelegt.[117] Dennoch: Was die viel zitierte »inhaltliche Anschlussfähigkeit« von antisemitischen Einstellungen an linke Israelkritik betrifft, so seien erst mit dem Auftreten der Antideutschen in den 1990er Jahren Antiimperialismus, Antizionismus und Israelkritik »zumindest indirekt in die Nähe des ›Faschismus‹ gerückt« worden[118], heißt es dazu im *Bericht*. »Die ›Antideutschen‹ erklärten nahezu jedes Abweichen von einer unbedingten Solidarität mit Israel für einen Ausdruck von Antisemitismus«.

Das Fazit des *Berichts* ist nüchtern: Zwar gebe es *auch* unter »Linksextremisten« Antisemitismus, ihr Antiimperialismus führe zu einem einseitigen Feindbild, das auch »inhaltliche Anknüpfungspunkte für den Antisemitismus« biete, und diese Möglichkeit werde »in diesem politischen Lager immer noch nicht selbstkritisch genug problematisiert«. Ein grundlegendes Merkmal sei Antisemitismus für dieses politische Lager aber nicht. Die Konstruktion und Verbreitung von Feindbildern ist generell ein Instrument von (manichäischer) Machtpolitik, die unversöhnlich zwischen dem guten Eigenen und dem bösen Anderen unterscheidet. Dass die Linke davor auf Grund ihrer geschichtlichen Erfahrungen tiefer und besser geschützt ist, wird in Meinungsumfragen – entgegen aller Propaganda – deutlich sichtbar und vom *Bericht* dann auch referiert.

Antisemitismus nimmt von links nach rechts hin zu

Zur Ermittlung antisemitischer Einstellungen stützt sich der *Bericht* auf eine zehn Jahre umfassende Befragung zum Antisemitismus des Instituts für interdisziplinäre Konflikt- und Gewaltforschung an der

---

117 Dieser stets gegen links gerichtete – Vorwurf der doppelten Standards wird häufig dann erhoben, wenn an die israelische Politik die allgemeingültigen Kriterien von Völker- und Menschenrechten angelegt werden.

118 Bericht, a. a. O., S. 28.

Universität Bielefeld. Untersucht wurden »kein interindividuelles Feindschaftsverhältnis«, sondern verschiedene Aspekte von Menschenfeindlichkeit zwischen Gruppen, die durch einen Diskriminierungsindikator ermittelt werden, so der langjährige Projektleiter Wilhelm Heitmeyer.[119] Die Wissenschaftler gingen von dem – empirisch festgestellten – Grundverständnis aus, dass es sich bei Gruppenbezogener Menschenfeindlichkeit (GMF) um zusammenhängende Elemente, um ein Syndrom, handelt. Dieses Syndrom in seiner im Verlauf der Untersuchung erweiterten Form enthält folgende Einstellungen und Vorurteile, wobei die Reihenfolge keine Rangordnung darstellt: Sexismus, Homophobie, Vorrechte von Etablierten, Fremdenfeindlichkeit, Rassismus, Islamfeindlichkeit, Antisemitismus, Abwertung von Behinderten, Obdachlosen, von Sinti und Roma, von Asylbewerbern und von Langzeitarbeitslosen. Dieser Ansatz richtete den forschenden Blick auf die konkrete, gesamte Gesellschaft, auf die »im Zuge der Globalisierung« zu beobachtenden Veränderungen hin zu einem »autoritären Kapitalismus«, der u. a. durch die Hartz-IV-Gesetze charakterisiert werden kann. Der autoritäre Kapitalismus beinhalte einen Kontrollverlust der nationalen Politik zu Gunsten eines Kontrollgewinns des Kapitals sowie auch Demokratieentleerung und Ökonomisierung des Sozialen; ein Prozess, der Auswirkungen auf die Gesellschaft, auf Integration und Desintegration und auf die in der Gesellschaft herrschenden und sich verändernden Vorurteilsstrukturen, auf ihre Ursachen und Ausprägungen hat.[120]

Soweit der Forschungsansatz der Bielefelder Studie. Er wurde hier etwas ausführlicher wiedergegeben, weil die Ergebnisse noch mehrmals auftauchen werden.

Auch der Expertenkreis bezieht sich im *Bericht* auf ihre Ergebnisse: »Was die politische Einstellung angeht, so lässt sich generell feststellen, dass der Antisemitismus von links nach rechts zunimmt. So zeigt eine genaue Analyse der GMF-Daten, dass Einstellungen im

---

119 Wilhelm Heitmeyer (Hrsg.): Deutsche Zustände, Folge 10, Berlin 2012, S. 15 ff.

120 Ebd., S. 18.

Sinne des ›klassischen Antisemitismus‹, ›sekundären Antisemitismus‹, ›israelbezogenen Antisemitismus‹ und der ›antisemitischen Separation‹ weitaus stärker bei den ›rechts‹ oder ›eher rechts‹ Eingestellten zu finden sind. Bei den ›links‹ oder ›eher links‹ Eingestellten lässt sich zwar eine ausgeprägtere ›israelkritische Einstellung‹ ausmachen, doch lässt sich zwischen dieser Präferenz in dieser Gruppe und dem klassischen sowie dem sekundären Antisemitismus kein empirischer Zusammenhang herstellen.«[135] Die Bielefelder Studie stellt eindeutig fest: »Was die relativ geringen Antisemitismus-Werte bei der politischen Linken betrifft, ist jedoch eine Ausnahme zu beobachten: Werte im äußeren linken Bereich sind etwas höher als bei denjenigen, die sich als gemäßigte Linke einstufen, liegen aber *erheblich* unter den Zahlen für Menschen, die sich in der politischen Mitte verorten.« Im »äußeren linken Bereich« – das wären im Jargon des Verfassungsschutzes die sogenannten Linksextremisten. Weiter heißt es in der Bielefelder Studie: »Das gilt entsprechend auch für die Antisemitismus-Werte, aufgeschlüsselt nach Parteipräferenzen: Die Antisemitismus-Werte sind bei Nichtwählern am höchsten, gefolgt von den Anhängern der CDU, SPD und FDP, während die Grünen die niedrigsten Zahlen aufweisen.« Dieser Zusammenhang entspreche dem Ergebnis von 1991, wo unter den Wählern der Republikaner (mit 40% in Ostdeutschland und 38% Westdeutschland) achtmal mehr judenfeindlich Eingestellte zu finden waren als in der PDS (0% in Ostdeutschland und 5% in Westdeutschland; die Partei DIE LINKE gab es damals noch nicht). Unter den CDU-Wählern waren in Ostdeutschland 5%, in Westdeutschland 19% judenfeindlich eingestellt.[121]

Der Expertenkreis, der den *Bericht* des Innenministeriums erstellte, hatte sich seine Themen unabhängig von dessen Vorgaben gestellt. Die Untersuchung der Partei DIE LINKE gehörte nicht dazu, wohl aber die des »Linksextremismus«. Beide Richtungen gehören zu den gesellschaftlichen Gruppen mit sehr niedrigen Antisemitismus-Werten und beide sind nach Auffassung der Experten in der LINKEN-Bundestagsfraktion vertreten. Trotzdem meinten sie, die

---

121 Bericht, a. a. O., S. 60.

Antisemitismus-Werte der Partei DIE LINKE seien in einer weiteren Studie zu untersuchen. Diese Notwendigkeit sahen sie nicht bei CDU, SPD und FDP, obwohl sie deutlich anfälliger für antisemitische Vorurteile sind.

2010 hatte Werner Bergmann vom Zentrum für Antisemitismusforschung (ZfA) in einem Vortrag zur Einstellungsforschung (»Antisemitismus in Deutschland«)[122] mehrere empirische Untersuchungen ausgewertet und mit methodenkritischen Hinweisen interpretiert. Ihm zufolge hat die Langzeitstudie »Gruppenbezogene Menschenfeindlichkeit« (GMF) für Gesamtdeutschland 2004 folgenden Zusammenhang von politischer Orientierung und Antisemitismus ergeben:

»Seit längerer Zeit stabiles Muster«

»Bei einem Durchschnitt von 15 %, die in der Gesamtbevölkerung auf der Skala des ›klassischen Antisemitismus‹ als antisemitisch gelten, liegt der Anteil bei den sich rechts einstufenden Befragten bei 33 %, bei den eher rechts eingestuften bei 26 %, während die Mitte mit 14 % dem Bevölkerungsdurchschnitt entspricht, die ›eher Linken‹ mit 6 % am wenigsten anfällig sind, die ›Linken‹ mit 11 % unterdurchschnittlich vertreten sind, aber etwas häufiger als die moderaten Linken.« Diese Verteilung findet sich auch bei dem Item »israelbezogener Antisemitismus«. Dazu liefert die von Bergmann zitierte Studie von Oliver Decker folgende Daten: »CDU/CSU: 9,7 %; Nichtwähler 7,1 %; SPD: 7 %; FDP: 4,6 %; Bündnis 90/Die Grünen: 4 %; Die Linke: 3,6 %; rechtsextreme Parteien: 30 %.« Hier liegen also die Werte für DIE LINKE unter denen der Grünen. Dieses Ergebnis ist nach Bergmann ein »seit längerer Zeit stabiles Muster«.[123] Dieses stabile Muster haben indessen die Bundestagsfraktionen von CSU bis Grüne nicht

---

122 Werner Bergmann: Vortrag zu Ergebnissen der Einstellungsforschung zum »Antisemitismus in Deutschland«, 15.2.2010, aktualisierte Fassung Juni 2011, unter: www.bagkr.de [15.6.2014].

123 Ebd., S. 10.

zur Kenntnis genommen[124] oder sie haben den angeblichen Antisemitismus der LINKEN bewusst erlogen.

Was immer der vom ehemaligen Innenminister Schäuble einberufenen Expertengruppe angelastet werden mag – ein positives »Vorurteil« gegenüber links gehört bestimmt nicht dazu. Sie hatte nicht den geringsten Grund, der LINKEN ein Gefälligkeitsgutachten zu erstellen und tat dies auch nicht. Aber sie hat wohl in allen relevanten Teilen ihres Berichts die vorurteilsvollen Erwartungen ihrer Auftraggeber enttäuscht. Die Frage nach Antisemitismus in der Linken wird, wenn die Experten sich auf wissenschaftlich seriöse Quellen beziehen, mit einem recht eindeutigen Nein beantwortet. Aber weil das dem Mainstream und auch der Absicht des Auftraggebers eher zuwider läuft, folgt stets und unvermeidlich das Aber.[125] Zwar wird Israelkritik nicht mit Antisemitismus identifiziert, aber »unter der Hand« wird genau das dann doch nahegelegt. Als Beispiel für »antisemitische Stereotypisierungen im universitären Umfeld« nennt der Bericht zum Beispiel – versteckt in einer Fußnote – eine Vorlesungsreihe an der Universität Leipzig zum Nahost-Konflikt, »zu der mehrere Vortragende eingeladen wurden, die einseitige Position im Nahost-Konflikt gegen Israel vertreten«.[126] Auch wird israelkritisch und antizionistisch im *Bericht* mehrfach miteinander identifiziert.

Eine ähnliche Tendenz taucht in der Studie der Friedrich-Ebert-Stiftung »Fragile Mitte – Feindselige Zustände«[127] auf, die im November 2014 veröffentlicht wurde. In ihrem Teil zu rechtsextremen Einstellungen in Deutschland unterscheidet sie, wie die Bielefelder Langzeitstudie, die sie einbezieht, zwischen klassischem, sekundärem und israelbezogenem Antisemitismus und setzt diese in Beziehung zu-

---

124 Armin Pfahl-Taughber: Antisemitismus und Israelfeindlichkeit in der Partei »Die Linke«. Bundeszentrale für politische Bildung, 28.7.2011, unter: www.bpb.de [10.12.2014].

125 Diese Seite des »Aber« im Experten-Bericht wird von Susann Witt-Stahl kritisch herausgearbeitet, vgl. Hintergrund, 27.1.2012, unter: www.hintergrund.de [10.12.2014].

126 Bericht, a. a. O., S. 90, Fußnote 34.

127 Fragile Mitte – Feindselige Zustände, Berlin 2014.

einander. In ihrer aktuellen Studie kommt die Friedrich-Ebert-Stiftung zunächst zu dem Ergebnis: »Rechtsextreme Einstellungen in Deutschland sind im Vergleich zu den Vorjahren deutlich zurückgegangen. Die Zustimmung zum Gesamtindex rechtsextreme Orientierung liegt 2014 bei 2,4 % (Gesamt) bzw. bei 2,5 % (Ost) und 2,3 % (West). Allerdings sind die Befragten, die national-chauvinistischen (12 %) oder ausländerfeindlichen (7,5 %) Meinungen zustimmen, noch fest in der Mitte der Gesellschaft verankert.«[128] Auch der Antisemitismus sei tendenziell rückläufig, ebenso die Facette des »israelbezogenen Antisemitismus«, der freilich mit gut 20 Prozent der Befragten relativ hoch liege. Während des Gaza-Krieges zwischen Juni und September 2014, das bemerken die Verfasser dieser Studie, sei der klassische wie auch der sekundäre und israelbezogene Antisemitismus angestiegen. Doch weit über die Hälfte »der Befragten äußerten im September 2014 eine klare Israelkritik, die sich keiner antisemitischen Stereotype oder Bilder bedient. Interessant ist dabei aber, dass die israelkritischen Einstellungen mit der Meinung korrelieren, dass Israel ›einen Vernichtungskrieg gegen die Palästinenser‹ führe ... Das heißt, die Israelkritik, die scheinbar keinen direkten Bezug zum Antisemitismus hat, geht bei einigen Befragten dennoch mit einer hohen Wahrscheinlichkeit einher, einer antisemitischen Aussage zuzustimmen.«[129] In diesen Antworten auf dem Höhepunkt des Gaza-Krieges bei »einigen Befragten« eine »hohe Wahrscheinlichkeit« auszumachen, »einer antisemitischen Aussage zuzustimmen«, mag allein schon etwas gewagt sein. Ganz sicher problematisch ist die Verallgemeinerung: »Hier deutet sich eine Entdifferenzierung von Antisemitismus und Israelkritik an.« Das heißt, die Autorinnen, Autoren schlussfolgern dass *andeutungsweise* Antisemitismus und Israelkritik nicht mehr voneinander unterschieden werden müssen, sondern (wieder) enger zusammenrücken.

Zurück zum *Bericht* der innerministeriellen Expertenkommission. Selbstverständlich muss DIE LINKE aufmerksam auf Positionen

---

128 Presse-Handout zur Studien vom 20.11.2014, www.fes-gegen-rechtsextremismus.de/pdf_14/141120pressehandout.pdf [10.12.2014].

129 Ebd.

achten, »die eine Grenze zwischen legitimer Israelkritik und Antisemitismus überschreiten«.[130] Warum dasselbe etwa von der CDU/CSU nicht verlangt wird, mag mit der Erkenntnis zusammenhängen, dass im konservativ-rechten politischen Spektrum seit eh und je eine Disposition zu Antisemitismus und Rassismus lebendig geblieben ist, in den Unionsparteien eine sorgfältige Bearbeitung dieser fatalen Disposition innerhalb der eigenen Reihen mithin nicht zu erwarten ist. So geben sich die Experten mit einer Verlautbarung der CDU zufrieden, wonach »Antisemitismus von der Partei regelmäßig verurteilt« werde, und ansonsten die einschlägigen Pressemitteilungen zu antisemitischen Vorfällen zu beachten seien.[131] Die Linkspartei lässt sich da gern strengere Maßstäbe gefallen, nicht ganz so gern freilich im Muster von »Nein-Aber...« und auch nicht in der Art von: »Auch wenn die ›Linke‹ sich im Bereich der Bekämpfung des Antisemitismus stark engagiert, so werden doch immer wieder problematische Äußerungen aus den Reihen der Partei bekannt.«[132] Dafür werden Beispiele genannt wie zwei Boykottaktionen von Ortsverbänden der Linken. Obwohl die Experten die These der Antideutschen vom strukturellen Antisemitismus der Linken für Unfug halten, haben sie dennoch keine Scheu, sich auf Publikationen eben jener antideutschen Neokonservativer (Neocons) und Islamhasser zu stützen. In diesem Zusammenhang zitiert Susann Witt-Stahl[133], die den *Bericht* überwiegend negativ beurteilt, auch Anetta Kahane von der Amadeu-Antonio-Stiftung mit der Aussage: »Linksextremismus ist, wie alle antidemokratischen und antikosmopolitischen Ideologien, widerlich und menschenverachtend.«

Angesichts des zeitweilig hysterischen medialen Dauerbeschusses der Linken fällt auf, dass in der öffentlichen Rezeption des *Berichts* das vergleichsweise differenzierte Urteil über die »Linksextremisten« fast vollständig unter den Tisch fiel. Der Befund, dass Antisemitismus

---

130 Bericht, S. 151.
131 Ebd. S. 149.
132 Ebd. S. 151.
133 Susann Witt-Stahl, Hintergrund, a. a. O.

keine Grundposition der Linken ist, straft den Mainstream in Medien und Politik Lügen, ist insofern etwas Unerwartetes, ja geradezu Unerhörtes und spielt (deshalb?) meist keine Rolle.

Das große Schweigen im »Blätterwald« ...

Sie alle stehen im Internet mit ihren Auswertungen des *Berichts*, schwiegen darin aber zum Aspekt Linksextremismus und Antisemitismus: *bnv.blick nach rechts* vom 23.1.2012, *Jüdische Allgemeine* vom 26.1.2012, *taz.de* vom 9.11.2011, *pro. Christliches Medienmagazin* vom 2.11.2011, *Jungle World*, Nr. 5 vom 2.2.2012, *Süddeutsche.de* vom 23.1.2012, *Achse des Guten*[134] vom 23.1.2012, *Handelsblatt* vom 23.1.2012, *Jüdische Allgemeine* vom 17.11.2011, *focus.online* vom 23.1.2012, *tagesschau.de* vom 23.1.2012, *news.de/dpa* vom 23.1.2012, *Berliner Morgenpost* vom 12.2.2012, *Augsburger Allgemeine* vom 23.1.2012, *Magazin.de* vom 30.11.2011, *Zeitzeichen. Evangelischer Kommentar zu Religion und Gesellschaft* vom 23.1.2012. Es drängt sich der Verdacht auf, das Verschweigen habe damit zu tun, dass dieses Ergebnis ihnen allen gegen den Strich geht. Was nicht in den Rahmen der Anti-Linken-Kampagne passt, was verhindert, dass sich das Stereotyp vom linken Antisemitismus festsetzt, findet nicht statt.

Ein ganz anderes Verhalten hat Didier Burkhalter, Außenminister der Schweiz und ehemaliger Vorsitzender der Organisation für Sicherheit und Zusammenarbeit in Europa (OSZE) auf der Berliner OSZE-Konferenz zu Antisemitismus im November 2014 angemahnt. Die politischen Führungskräfte forderte er auf, genau hinzuschauen und auszusprechen, was ist: »Sie sollten sich äußern, wenn Politiker und Parteien Antisemitismus befördern oder wenn sie umgekehrt ungerechtfertigte Beschuldigungen des Antisemitismus erheben, um ihre politischen Ziele zu fördern.«[135]

---

134 Allerdings mit einem Link zu dem oben zitierten Text von Clemens Heni.
135 Didier Burkhalter: Förderung von Toleranz und Bekämpfung von Antisemitismus, Rede auf der Berliner OSZE-Konferenz, 12./13. November 2014, noch unveröffentlichtes Manuskript.

... und weiter wie bisher

Anstelle des medialen Verschweigens wurde gelegentlich – Gott bewahre – gewiss nicht von Vorurteilen geprägte Zusammenfassung des *Berichts* gegeben. *Pro. Christliches Medienmagazin* am 23.1.2012: »Doch auch im Islamismus und Linksextremismus sei Antisemitismus verbreitet.« Der *Tagesspiegel* vom 23.1.2012 weiß, wie man Zweifel säen kann: »Anspruch auf Vollständigkeit hat der erste Bericht dieser Art nicht. Zwar werden bestimmte Aspekte ausführlich analysiert, etwa eine Antisemitismus-Debatte innerhalb des globalisierungskritischen Netzwerks Attac oder auch der Einfluss von türkischen Medien in Deutschland bei der Verbreitung von Ressentiments ... Zu spät, um im Bericht berücksichtigt zu werden, kam auch die Auseinandersetzung im Sommer um antisemitische Tendenzen in der Linkspartei. Schon im Frühjahr war Redaktionsschluss des Berichts, in einer Fußnote heißt es knapp, auf ›nähere Betrachtungen‹ zur Linkspartei werde bewusst verzichtet. Armin Pfahl-Traughber von der Fachhochschule des Bundes für öffentliche Verwaltung in Brühl, sagte, es habe ›ein Zeitproblem‹ gegeben. Die Linke sei ›ein Thema, das wir uns für einen kommenden Bericht vorgenommen haben‹.« Als Vereinfacher erweist sich auch *Welt.online* am 23.1.2012: »Auch Linksextreme sind anfällig für Judenhass. Auch im linksextremen Lager fällt antisemitisches Gedankengut teils auf fruchtbaren Boden. Jedoch gebe es keinen ›genuin linksextremistischen Antisemitismus‹, wie es im Bericht heißt. Berührungspunkte zu antijüdischen Einstellungen biete primär die Kritik an Israel, wobei der Staat für viele Szeneanhänger nicht ›primär als jüdischer, sondern als imperialistischer und kapitalistischer Staat‹ gelte. Der Partei die Linke werden ›problematische Äußerungen‹, aber auch starkes Engagement bei der Problembekämpfung attestiert. Allerdings wurde der Bericht im Frühjahr 2011 abgeschlossen und damit vor der Antisemitismus-Debatte der Partei im vergangenen Sommer.« Womit unterstellt wird, dass sich in wenigen Monaten Antisemitismus innerhalb der Linken entwickelt haben könne; während empirische Studien, wie wir gezeigt haben, hinsichtlich antisemitischer Einstellungen von einem »seit längerer Zeit stabilen Muster« sprechen, was vielleicht nicht den Medien, wohl aber den Experten Longerich und Pfahl-Traughber bekannt sein dürfte. Letzterer war noch am 28. Juli 2011 zu dem Ergebnis gelangt: »Bilanzierend lässt sich demnach die Auffassung, wonach ›Die Linke‹ eine antisemitische Partei sei oder bedeutende Teile von ihr als antisemitisch eingeschätzt werden müssten, nicht aufrechterhalten. Antisemitismus bedeutet Feindschaft gegen Juden als Juden. Diese ist nicht nachweisbar.«[136]

Die *Mainpost* vom 23.1.2012 knüpfte mit ihrer Zusammenfassung des *Berichts* genau an diese Doppeldeutigkeit an: »Bei linksextremen Gruppen gehört Antisemitismus nicht zur Grundideologie, erklären die Forscher. Bei politischen Themen, wie etwa der Kapitalismuskritik, spielten aber auch antijüdische Ressentiments eine Rolle.« Derartige Reaktionen auf den *Bericht* legen die Interpretation nahe: Der Antisemitismus-Vorwurf gegen Linke ist nichts Anderes als eine nützliche, aber überaus wirksame Variante des Mottos: »Passen die Tatsachen nicht zu meinen Vorurteilen: umso schlimmer für die Tatsachen!«

Krypto-Antisemiten oder Streiter für Menschenrechte?

Dass ein enger und nahezu unauflösbarer Zusammenhang zwischen Antisemitismus und Antizionismus[137] bestehe, gilt im Mainstream als eine Tatsache. Der Experten-*Bericht* ist da vorsichtiger, bezogen auf die DDR erwähnt er nur einen »staatsdoktrinären Antizionismus der

---

136 Pfahl-Traughber verfasste diese Bewertung im Anschluss der Bundestagsdebatte vom 25. Mai 2011, in der der Linken von allen Parteien antisemitische Positionen vorgeworfen wurden. Armin Pfahl-Traughber: Antisemitismus und Israelfeindlichkeit in der Partei »Die Linke«, a. a. O.

137 Nach Pfahl-Traughber handelt es sich beim antizionistischen Antisemitismus um den »Ausdruck einer Auffassung, welche die Politik des Staates Israel auf der ideologischen Grundlage einer Feindschaft gegen Juden als Juden verdammt«, ebd. Andere fragwürdige Definitionen des Antizionismus beinhalten die Verurteilung der Gründung des Staates Israel und verweigern Israel das Existenzrecht.

DDR«, wobei die SED »immer auf einer Differenz zwischen ihrer antizionistischen Politik und Antisemitismus« beharrt habe. Doch sei ihr vorzuwerfen, dass »die angewandten antiamerikanischen und antizionistischen Argumentationsmuster häufig in der (Weiter-) Verwendung antisemitischer Phrasen« mündeten.[138] Eine präzisere Auskunft gibt die schon erwähnte Studie von Wilhelm Kempf (Universität Konstanz) über den Zusammenhang von Antizionismus und Antisemitismus.[139] Rolf Verleger, ehemaliges Mitglied im Direktorium des Zentralrats der Juden in Deutschland, hat sich mit dieser Studie gründlich befasst und kommt zunächst zu dem Ergebnis, dass es, anders als vorherige kleinere Studien nahelegen, keinen linearen Zusammenhang von Antisemitismus und Antizionismus gebe. Richtig sei, dass so gut wie alle Befragten, die antizionistische Äußerungen für Vorurteile halten, dies auch bei antisemitischen Äußerungen tun (»Gutmenschen«). Ebenso brachten so gut wie alle Befragten, die meinten, antisemitische Äußerungen seien zu rechtfertigen, auch antizionistischen Äußerungen gegenüber Verständnis auf (»Antisemiten«). Aber die Gruppe derjenigen, die meinten, antizionistische Äußerungen rechtfertigen zu können, bestand eben nicht nur aus diesen Antisemiten, sondern, so Verleger, »mehrheitlich aus jenen 15% der Gesamtstichprobe, die antizionistischen Äußerungen zustimmten und antisemitische Äußerungen ablehnten.«[140] Er kommentiert diesen Befund etwas spöttisch: »Ob diese Gruppe ›Krypto-Antisemiten‹ zu nennen ist (wie andauernd von interessierter Seite in der öffentlichen Diskussion behauptet wird), oder ganz im Gegenteil aus einer menschenrechtsorientierten Position heraus denkt (wie die tägliche Erfahrung nahelegt), dafür wird die weitere Auswertung dieser Daten Belege erbringen …«. Diese hat er zwei Jahre später vorgelegt (siehe den folgenden Kasten).

---

138 Bericht, a.a.O., S. 24f.

139 http://www.ag-friedensforschung.de [10.12.2014].

140 Rolf Verleger am 3.11.2011, Antisemitismus und Antizionismus in Deutschland: Neue Fakten, unter: www.hagalil.com [10.12.2014].

Über den Zusammenhang von Israelkritik und Antisemitismus
Überraschende Ergebnisse einer empirischen Untersuchung

Die *drei Hauptgruppen* von Einstellungen, die sich aufgrund der Untersuchungsergebnisse bilden lassen, sind:
Hauptgruppe 1: Israelfreunde, 31 % der Bevölkerung. Sie kennen sich über den Nahost-Konflikt nur wenig aus, haben wenig Kontakt zu Israelis und Palästinensern. Unter ihnen gibt es mehr Vorbehalte gegen Juden als unter den Palästinafreunden. Israelfreunde befürworten in ihrer Mehrheit eine gewaltsame Behandlung des Konflikts Israel-Palästina.

Hauptgruppe 2: Rechtsstehende, 26 %. Sie sind eher gegen Israel eingestellt, wobei die rechten Ansichten wichtiger erscheinen als die zum Nahost-Konflikt, von dem sie wenig Kenntnis haben. Sie haben Vorurteile gegen Juden und Zionismus wie auch gegen Palästinenser und Islam. Vorbehalte gegen Juden sind in dieser Gruppe am größten.

Hauptgruppe 3: Palästinafreunde, 44 %, mit einer Kerngruppe, die sich über den Konflikt auskennt und persönliche Kontakte zu Israelis und Palästinensern hat. Ihr Denken ist am geringsten von antisemitischen Vorurteilen bestimmt. Eigentlich sind sie gegen Gewalt, bezogen auf den Konflikt Israel-Palästina meint jedoch ein Teil, den Palästinensern bleibe nichts anderes als Gegenwehr mit Waffengewalt übrig, ein Teil ist für die friedliche Konfliktlösung, ein anderer Teil schwankt zwischen diesen Polen.

Die *Parteipräferenzen* der drei Hauptgruppen sind:
Hauptgruppe 1: Israelfreunde. 32 % CDU/CSU, 30 % SPD, 35 % FDP, 29 % Grüne, 27 % LINKE, 15 % NPD/Republikaner

Hauptgruppe 2: Rechte. 36 % CDU/CSU, 25 % SPD, 19 % FDP, 13 % Grüne, 21 % LINKE, 85 % NPD/Republikaner
Hauptgruppe 3: Palästinafreunde. 32 % CDU/CSU, 45 % SPD, 45 % FDP, 57 % Grüne, 21 % LINKE, 0 % NPD/Republikaner

Während im politischen und medialen Mainstream die Auffassung vorherrscht, dass das Fehlen oder das Vorhandensein übermäßiger Israelkritik ein wesentliches Unterscheidungsmerkmal zwischen anständigen bzw. antisemitischen Deutschen sei, kommt die empirische Studie von Kempf zu dem Ergebnis, dass dies an der Realität vorbeigeht, weil es eindimensional ist. Die beiden ausschlaggebenden Dimensionen sind: ob man Vorbehalte gegen Andere hegt oder nicht und ob man sich für den Nahost-Konflikt und die daran beteiligten Menschen interessiert oder nicht. Das Ergebnis:

- Die israelische Position wird unterstützt von Personen mit einem Mittelmaß an Vorurteilen gegen Andere und relativ wenig Interesse am Nahost-Konflikt.
- Die palästinensische Position wird unterstützt von Personen mit wenigen Vorurteilen gegen Andere und viel Interesse am Nahost-Konflikt.
- Quer dazu, zumeist mehr gegen Israel als gegen Palästina, stehen Personen mit vielen Vorurteilen gegen Andere und wenig Interesse am Nahost-Konflikt.

Die Studie hält den Begriff »Israelkritik« für ein ideologisches Konstrukt. Denn: »Die Gegner der israelischen Politik sind nicht primär Kritiker Israels; vielmehr sind sie diejenigen, die Israel am besten kennen: Sie sind aufgrund dieser Kenntnis Palästinenserfreunde geworden, und so sollten sie genannt werden.«

Quellen:
Diese Kurzfassung der Forschungsergebnisse beruht auf einer Interpretation von Rolf Verleger, der sich intensiv und als wissenschaftlicher Begleiter mit dieser empirischen Studie von Wilhelm Kempf, Universität Konstanz, auseinander gesetzt und sie für Laien verständlich dargestellt hat. Die Studie zur Erforschung des Zusammenhanges zwischen »Israelkritik« und »Antisemitismus« sowie dem Verhältnis zwischen kritischer Einstellung zu Israels Politik und Abneigung gegen Juden wurde von der Deutschen Forschungsgemeinschaft finanziert. Im Dezember 2011 stellte Verleger seine Interpretation der ersten Datenauswertung ins Internet.[1] Im Mai 2014 folgte seine ausführliche Interpretation unter dem Titel: Antisemit? Oder vorurteilslos und interessiert? Die Konstanz-Jenaer Studie zu Einstellungen zum Nahost-Konflikt.[2] Wilhelm Kempf schließlich erläutert 2012 seinen Forschungsansatz in seiner Anschlussvorlesung.[3]

---

[1] Rolf Verleger: Antisemitismus und Antizionismus, a. a. O.

[2] Rolf Verleger, Antisemit? Oder vorurteilslos und interessiert? Die Konstanz-Jenaer Studie zu Einstellungen zum Nahost-Konflikt, unter: http://nahost-forum-bremen.de [14.12.2014].

[3] Wilhelm Kempf: Antisemitismus und Israelkritik. Eine methodologische Herausforderung für die Friedensforschung, unter: www.regener-online.de [23.2.2015].

4. Kapitel

Streitpunkte:
Ein- oder Zwei-Staaten-Lösung,
DIE LINKE und Boykott

Mit dem Vorwurf des Antisemitismus konfrontiert, reagieren Partei und Bundestagsfraktion der LINKEN sehr empfindlich, teils aufgeschreckt, trifft dieser Vorwurf doch ins Innerste ihrer antifaschistischen und humanistischen Überzeugungen. Selbst politisch erfahrene Menschen, die die Funktion dieser Anklage als eine Art *Totschlagargument* durchschauen sollten und die sich ihrer antirassistischen Grundüberzeugung sicher sind, reagieren heftig, mit emotionaler Verstörung oder irrationalen Schuldgefühlen, Abwehr oder Trotz und Wut gegenüber denen, die ihnen Antisemitismus vorwerfen. Peter Wahl, der sich mit der entsprechenden Kampagne gegen Attac auseinandergesetzt hat, analysiert solche Reaktionen: Sie seien »angesichts der affektiven Besetzung und hochmoralischen Aufladung des Themas nicht überraschend. Es führt aber dazu, dass eine asymmetrische Sprechsituation entsteht, sobald der Antisemitismus-Vorwurf im Raum steht: auf der einen Seite die Kritiker, die – angesichts der hegemonialen Ablehnung von Antisemitismus in unserer Gesellschaft – von einer Position moralischer und politischer Unangreifbarkeit herab ihren Vorwurf vortragen, während die Kritisierten in die Rolle geraten, in Gegensatz zu ihrem Selbstverständnis mit einem der größten moralischen und politischen Übel der Menschheitsgeschichte assoziiert zu werden. Diese Konstellation stellt in höchstem Maße individuelle und kollektive Identitäten in Frage und produziert auf beiden Seiten eine affektive Dynamik, die eine sachliche Auseinandersetzung rasch scheitern lassen kann. Die kognitive Dimension der Diskussion ist dabei nur die sichtbare Spitze des Eisbergs. Unter der Wasserlinie befindet sich eine mächtige affektive Unterseite, an der die Diskussion meist schnell Schiffbruch erleidet.«[141]

Gibt es überhaupt *richtige* Reaktionen auf einen derart ehrabschneidenden, verleumderischen Vorwurf? Insbesondere wenn jeder Rechtfertigungsversuch als *Beweis* für sekundären (in diesem Falle Schuldabwehr-) Antisemitismus gilt? Können oder sollen Linke zu solchen Vorwürfen schweigen? Sollen sie die Gerichte bemühen? Sollen sie den Verleumdern mit gleicher Münze heimzahlen oder sich nur ihren Teil denken? Was sollten sie tun, was vermeiden? Wie können sie sich dem Anpassungsdruck widersetzen?

Unabdingbar ist es, gerade an einer so kritischen Stelle einen kühlen Kopf zu bewahren und zum Kern der Anschuldigung vorzudringen: Warum wird sie vorgebracht: Aus Sorge um Gefahren des Antisemitismus? Sind die Sorgen berechtigt? Oder handelt es sich um eine bösartige Diffamierung? Doch statt zu nüchternen Analysen kommt es schon fast regelmäßig und vorhersehbar zu heftigen emotionalen Reaktionen, die von den Medien hämisch aufgegriffen und kommentiert werden.

Im November 2014 war es zu einem Eklat im Bundestag gekommen. Der US-Journalist und Autor Max Blumenthal – ihn hatte das Simon-Wiesenthal-Zentrum 2013, wie ein Jahr vorher den *Freitag*-Herausgeber Jakob Augstein, auf die Liste der zehn schlimmsten Antisemiten gesetzt – und der israelische Antirassismus-Aktivist David Sheen, beide bis dahin in Deutschland wenig bekannte Kritiker der israelischen Besatzungspolitik, waren von der Fraktion DIE LINKE eingeladen als Augenzeugen des Gaza-Krieges. Wie sich im Nachhinein herausstellte, wollten sie aber für die Initiative *Boykott, Desinvestitionen und Sanktionen (BDS)* auf einer Veranstaltung in der Volksbühne werben. Deshalb gab es gegen den Willen von Fraktionschef Gregor Gysi ein Fachgespräch in den Arbeitsräumen des Bundestages im

---

141 Peter Wahl: Steinbergrecherche, a. a. O.

Paul-Löbe-Haus. Im Anschluss kam es zu einem bedrängenden Go-In ins Büro von Gregor Gysi; diese Szenen wurden als Video aufgenommen und ins Netz gestellt. Insgesamt eine völlig aus dem Ruder gelaufene Situation,. Für die Mainstream-Medien war klar: »Dieser Vorfall zeigt ein Dauerproblem der Partei«, wie *Spiegel online* am 11. November 2014 schrieb. Rechte sahen sich in ihren Antisemitismus-Vorwürfen bestätigt, Linke hingegen in ihrem Argwohn, für eine zukünftige Regierungsteilnahme sei DIE LINKE schrittweise bereit, ihre antimilitaristischen und internationalistischen Grundsätze zu schleifen. In diesem Zusammenhang fasste der LINKEN-Parteivorstand einen Beschuss unter dem immer richtigen wie nichtssagenden Titel: *Handeln auf der Basis unserer programmatischen Grundsätze*.[142] Darin heißt es: Das Parteiprogramm der LINKEN »schließt die Beteiligung an jeglichen Initiativen, Bündnissen oder Veranstaltungen aus, die das Existenzrecht Israels in Frage stellen. Für uns als DIE LINKE in Deutschland verbieten sich vor dem Hintergrund der deutschen Geschichte Boykottaufrufe gegen israelische Produkte. Der Zivilisationsbruch durch den Holocaust ist singulär und unvergleichbar.« Zurückgewiesen wird »eine inflationäre Verwendung des Vorwurfs des Antisemitismus«, umso wichtiger sei es, ihm »nicht durch eigene Handlungen oder Stellungnahmen Vorschub zu leisten. DIE LINKE lehnt jede Zusammenarbeit mit Kräften ab, die den Holocaust relativieren und damit in der Konsequenz verharmlosen.«

Das Problematische an diesem Beschluss ist nicht in erster Linie sein Inhalt, sondern die Tatsache, dass er überhaupt gefasst wurde und zumindest in der Öffentlichkeit als Beleg dafür herangezogen werden kann, DIE LINKE habe ein Antisemitismus-Problem. Wann kommt ein Parteivorstand schon dazu, bei einer Gegenstimme und einigen Stimmenthaltungen einen Beschluss zu fassen, dass das Grundsatzprogramm gelte? Ist das Grundsatzprogramm real gefährdet oder wird es akut verletzt? Wem gegenüber glaubt der Parteivorstand sich rechtfertigen zu müssen? Gegenüber Partnerinnen und Partnern aus

---

142 Beschluss 2014/323, Handeln auf der Basis unserer programmatischen Grundsätze, 29.11.2014, unter: www.die-linke.de [9.12.2014].

außerparlamentarischen Bewegungen zum Nahen Osten und/oder linken Parteien und Politikerinnen und Politikern in Israel und Palästina? Ihnen wendet sich der Beschluss nicht zu. Oder dient er zur Rechtfertigung gegenüber den Angriffen und üblen Nachreden von rechts und aus den Mainstream-Medien? Das alles leistet er überhaupt nicht.

Inhaltlich ist er eine nahezu wortgleiche Wiederholung einer Erklärung der Bundestagsfraktion vom 7. Juni 2011 *Entschieden gegen Antisemitismus*. Sie lautet: »Die Abgeordneten der Fraktion DIE LINKE werden auch in Zukunft gegen jede Form von Antisemitismus in der Gesellschaft vorgehen. Rechtsextremismus und Antisemitismus haben in unserer Partei heute und niemals einen Platz. Die Fraktion DIE LINKE tritt daher entschieden gegen antisemitisches Gedankengut und rechtsextremistische Handlungen auf. Die Mitglieder der Bundestagsfraktion erklären, bei all unserer Meinungsvielfalt…: Wir werden uns weder an Initiativen zum Nahost-Konflikt, die eine Ein-Staaten-Lösung für Palästina und Israel fordern, noch an Boykottaufrufen gegen israelische Produkte noch an der diesjährigen Fahrt einer ›Gaza-Flottille‹ beteiligen. Wir erwarten von unseren persönlichen Mitarbeiterinnen und Mitarbeitern sowie den Fraktionsmitarbeiterinnen und Fraktionsmitarbeitern, sich für diese Positionen einzusetzen.«[143]

Die Fraktion erntete 2011 für diese Erklärung wenig Lob und viel Kritik. Schon damals entstand unter Friedensaktiven und Linken der Eindruck, die Linksfraktion und der Parteivorstand der LINKEN selbst stellten bestimmte Auffassungen oder Aktionsformen unter Antisemitismus-Verdacht. »Die Linke war bislang eine Partei, die den Spagat ausgehalten hat zwischen der Betonung israelischer Interessen und dem Eintreten für die Rechte der Palästinenser …«. Mit diesen Worten beginnt ein an den Fraktionsvorstand der LINKEN gerichteter Offener Brief[144] von pax christi, der von weiteren Friedensorganisationen und Persönlichkeiten in der Friedensbewegung unter-

---

143 www.linksfraktion.de [10.12.2014].

144 http://racethebreeze.twoday.net/stories/19480829/ [10.12.2014].

zeichnet ist.[145] Empört und polemisch setzt sich die *Jüdische Stimme für einen gerechten Frieden in Nahost*[146] mit der Instrumentalisierung des Antisemitismus-Vorwurfes auseinander: »Da es sich in solchen Fällen meistens um bewusst beabsichtigte Diffamierungen handelt, sollten Parteien und Parlamente ihre eigenen Motive für die voreilige Anschuldigung, aber auch für die unnötige Entschuldigung genauestens untersuchen.« Und Albrecht Müller, einst Planungschef im Bundeskanzleramt unter den Bundeskanzlern Brandt und Schmidt, befürchtet in seinem Internet-Blog *NachDenkSeiten* am 21. Juni 2011[147], dass DIE LINKE möglicherweise schon nicht mehr fähig sei, »sich gegen die auch mit dem Antisemitismus-Vorwurf betriebene Gleichschaltung machtvoll zu wehren, weil in ihren eigenen Reihen solche sitzen, die auf Rechnung anderer arbeiten, trojanische Pferde sozusagen.«

Die so gescholtene Fraktion präzisiert in einer Erklärung vom 28. Juni 2011: »Wir werden als Linke weiterhin die Politik der israelischen Regierungen gegenüber den Palästinenserinnen und Palästinensern öffentlich kritisieren, wann immer dies wegen deren Völker- und Menschenrechtswidrigkeit notwendig ist. Das betrifft die israelische Besatzungspolitik, die Blockade gegenüber dem Gaza-Streifen und die völkerrechtswidrige Siedlungspolitik in den besetzten Gebieten ebenso wie die Weigerung der israelischen Regierung, konstruktiv an einer

---

145 So zum Beispiel vom Internationalen Versöhnungsbund, von der IPPNW, der Internationalen Liga für Menschenrechte, Attac, verschiedenen israelisch-palästinensischen Friedensinitiativen, Mohssen Massarrat, Rolf Verleger.

146 Die Jüdische Stimme für gerechten Frieden in Nahost wurde am 9. November 2003 als Sektion der Föderation European Jews for a Just Peace (EJJP) gegründet. Sie handelt auf der Grundlage von deren Gründungserklärung, die im September 2002 in Amsterdam von 18 jüdischen Organisationen aus neun europäischen Ländern verabschiedet wurde. So will sie über die Notwendigkeit und Möglichkeit eines gerechten Friedens zwischen Palästina und Israel informieren und auf die Bundesregierung Einfluss nehmen, damit diese ihr Gewicht nutzt im Interesse der Herstellung eines lebensfähigen, souveränen Staates Palästina auf integriertem Hoheitsgebiet und innerhalb sicherer Grenzen und der Verwirklichung eines dauerhaften und für beide Nationen lebensfähigen Friedens.

147 www.nachdenkseiten.de [10.12.2014].

Zwei-Staaten-Lösung mitzuwirken, stattdessen diese zu erschweren. Es ist nicht hinnehmbar, wenn einer derartigen Kritik an der Politik der israelischen Regierung mit dem Vorwurf des Antisemitismus begegnet wird. Wir werden nicht zulassen, dass Mitglieder unserer Fraktion und Partei öffentlich als Antisemiten denunziert werden, wenn sie eine solche Politik der israelischen Regierung kritisieren ...«[148]

Diese auch persönliche Solidarität freilich fehlt drei Jahre später im Beschluss des Parteivorstands vom November 2014.

Um zwei inhaltliche Fragen kreist der Meinungsstreit immer wieder: Ein-Staaten-Lösung (binationaler Staat) und Boykottinitiativen.

Ein oder zwei Staaten?

Diese aktuelle Frage hat eine lange Geschichte. Sie reicht zurück in die Zeit vor der israelischen Staatsgründung. Damals hatten fortschrittliche Juden um Brit Schalom[149] ihre Vorstellungen für einen Staat, entwickelt, der Juden und Palästinensern gemeinsam ein friedliches, solidarisches und gleichberechtigtes Miteinander ermöglichen sollte. Auch heute gibt es israelische und palästinensische Friedenskräfte, die einen solchen gemeinsamen Staat befürworten. In Israel und Palästina sind sie in der Minderheit, in unterschiedlichem Maß und unterschiedlichen Milieus. Ein gemeinsamer Staat Palästina, demokratisch und multikulturell, erscheint auf absehbare Zeit unrealistisch. Doch auch die von der UNO ursprünglich in ihrem Teilungsplan konzipierte Zwei-Staaten-Lösung[150] hat sich als bislang unrealisierbar erwiesen, obwohl sie im Zentrum der bilateralen israelisch-palästinensischen[151] bzw. der internationalen Bemühungen um eine friedliche Konfliktlösung stand und steht. Sie kann wieder mehr Gewicht erhalten, wenn mehr Parlamente, mehr Staaten Palästina offiziell als Staat anerken-

---

148 www.linksfraktion.de [10.12.2014].
149 Vgl. Gehrcke u. a.: Deutsche Linke, a. a. O., S. 28 f.
150 Ebd., S. 75 ff.
151 Wie zum Beispiel in der Genfer Vereinbarung von 2003, vgl. ebd., S. 262 ff.

nen. 135 Staaten weltweit haben das bis Dezember 2014 getan, und auch in Europa bewegen sich Schweden, Irland, Großbritannien, Spanien, Frankreich in diese Richtung. Mit einem eigenen Staat würden Palästinenserinnen und Palästinenser zu einem eigenen völkerrechtlichen Subjekt mit allen völkerrechtlichen Handlungsmöglichkeiten und Pflichten, auch in internationalen Organisationen. Als Staat erführen seine Vertretungsorgane – der *Legislative Council* ist lediglich ein *Autonomie-Parlament* und viele der Abgeordneten sitzen gegenwärtig in israelischen Gefängnissen – und die Wahlen zu denselben eine Aufwertung, Parteien und Bewegungen könnten sich entfalten, der Staat könnte eigene Steuern erheben, sein Gewaltmonopol durchsetzen, die Verwaltung optimieren, soziale und demokratische Teilhabe fördern. Israel wäre gezwungen, seine Grenzen zu definieren und Konflikte nicht mit Gewalt, sondern durch Verhandlungen zu klären. International sind Eckpunkte einer Zwei-Staaten-Regelung längst ausgehandelt: die Grenze von 1967 mit der Möglichkeit eines Gebietsaustausches, Ost-Jerusalem als Hauptstadt eines palästinensischen Staates, Verteilung von Wasser und eine Regelung für die Flüchtlingsfrage. Im Grundsatz sei auch die Entmilitarisierung eines Staates Palästina ausgehandelt, so ist es dem Autor von palästinensischen Führungskräften erklärt worden, das hieße Entwaffnung der nicht-staatlichen militärischen Formationen und den Verzicht eines künftigen Staates Palästina auf den Aufbau einer eigenen Armee. Voraussetzung sei allerdings, dass Israel seine militärischen Formationen aus den Palästinensergebieten, die dann ein eigener Staat wären, zurückzieht. Offen geblieben ist bisher die Regelung der Grenzsicherung. Mit Israel und Palästina könnten im Nahen Osten zwei parlamentarische Demokratien entstehen.

Nur: Mit Verhandlungen ist man einer Zwei-Staaten-Lösung keinen Schritt näher gekommen, und die israelische Palästina-Politik lässt keine Ansätze für eine derartige Lösung erkennen. Im Gegenteil. Nicht zuletzt wegen der ständigen Ausweitung ihres Siedlungsbaus im besetzten Westjordanland und in Ost-Jerusalem schwindet der Glaube an diese Lösung.

Im Zeitraum zwischen den Oslo-Verhandlungen 1993, als Israel die PLO offiziell als Vertretung der Palästinenser anerkannte, die PLO alle Passagen zur Vernichtung Israels aus ihrer Charta strich und sich beide Seite auf einen Weg zum Frieden einließen (dafür erhielten ein Jahr später der israelische Außenminister Shimon Peres, Premier Jitzchak Rabin gemeinsam mit PLO-Chef Jassir Arafat den Friedensnobelpreis), und der vorerst letzten Konferenz Palästina-Israel im Jahr 2000 in Camp David unter Schirmherrschaft der USA war es vorwiegend der PLO unter Führung Arafats zu verdanken, dass die Initiativen für eine Zwei-Staaten-Lösung vielen Bürgerinnen und Bürgern in Israel, den Palästinensern und der internationalen Gemeinschaft als realistisch erschienen. Zu jener Zeit befanden sich in den von Israel besetzten Gebieten rund 100.000 Siedler. Im Dezember 2014 sind es 458.000. Näherungsweise jeder zehnte jüdische Bürger lebt schon nicht mehr in Israel, sondern in den besetzten Gebieten. Diese Siedler werden, so der Eindruck aus meinem eigenen Erleben und demjenigen internationaler Beobachter, nicht freiwillig das von ihnen besetzte Territorium räumen. Die von Präsident Abbas angebotene doppelte Staatsangehörigkeit für Siedler und ihre Familien (sein außenpolitischer Berater Abdallah Frangi sprach mehrfach mit dem Autor über diese Initiative) ist offensichtlich für die israelischen Siedlerinnen und Siedler wenig attraktiv bis inakzeptabel. Sie wollen in ihrer erdrückenden Mehrheit, koste es, was es wolle, an den Siedlungen festhalten. Für die Siedler und Siedlerinnen im Westjordanland kommen zu den ökonomischen noch ideologische Gründe hinzu: es soll sich um das Heilige Land handeln, das ihnen ihr Gott auf ewig versprochen habe. Wollte der Staat Israel für eine Friedensregelung die Räumung von Siedlungen mit seinem Gewaltmonopol durchsetzen, drohen die Siedler mit einem Bürgerkrieg. Die Ermordung des Israelischen Präsidenten Jitzchak Rabin hat gezeigt, wozu die Siedlerbewegung bereit und fähig ist. Vor den Drohungen der Siedler ist noch jede israelische Regierung zurückgewichen, sofern sie nicht selbst dieser Denk- und Handlungsweise anhängt oder ihr Motor ist.

Da auch die einst von Brit Schalom entwickelte Lösung »ein Staat, zwei Nationen« gegenwärtig keine Chance hat, Wirklichkeit zu werden, bleiben reaktionäre Perspektiven wie zum Beispiel die, das Gaza-

Gebiet an Ägypten anzugliedern und weite Teile des Westjordanlandes an Jordanien oder ein Groß-Israel bis an das Mittelmeer zu etablieren. Eine Ein-Staat-Lösung wäre heute, angesichts der in Israel vorherrschenden Ideologie, mit unterschiedlichen Rechten für die jüdische und nicht-jüdische Bevölkerung verbunden. Im Westjordanland und im Gaza-Streifen leben derzeit vier bis fünf Millionen Palästinenser. Der Staat Israel gibt seine Bevölkerungsanzahl mit 7,5 Millionen Menschen an, wovon eineinhalb Million Nicht-Juden sind. Schon die Beibehaltung der Besatzung schafft objektiv so etwas wie einen binationalen Staat mit einer mehrheitlich nicht-jüdischen Bevölkerung, die weniger Rechte hat. Das würde sich nicht ändern, wenn aus Palästina und Israel ein gemeinsamer Staat entstünde, denn für die israelische Regierung, aber auch für die Mehrheit der jüdischen Bevölkerung in Israel ist es offensichtlich ausgeschlossen, ethnisch im Staat Israel in die Minderheit zu kommen. Sie halten an ihrer Vorstellung von Israel als *sicherer Hafen* für alle Jüdinnen und Juden fest, begründet in der Erfahrung im deutschen Faschismus, als viele nicht-faschistische Staaten jüdischen Flüchtlingen keinen Schutz vor Verfolgung boten.[152]

Israel verlangt seine Anerkennung als *jüdischer Staat*. Dieses Selbstverständnis hat sich unter der Hand durchgesetzt, Gesetz ist es (noch) nicht, rechtlich festgeschrieben ist es nirgendwo. Als Israel 1948 gegründet wurde, erhielt seine Nationalversammlung, die Vorgängerin der Knesset, den Auftrag, innerhalb von sechs Monaten eine Verfassung zu erarbeiten. Das ist bis heute nicht geschehen, d. h. die Staatsziele, das Selbstverständnis, die Grenzen des Staates Israel sind, anders als in Staaten mit einem Grundgesetz oder einer Verfassung, bis heute nicht vereinbart und festgeschrieben. Erneut wird in der

---

152 Dass »kein westlicher europäischer Staat fähig war, die Verteidigung der elementaren Rechte des jüdischen Volkes zu sichern und es vor der Gewalt der faschistischen Henker zu schützen«, dass auch unmittelbar nach Kriegsende Hunderttausende von Juden in Europa keine sichere Bleibe fanden, darauf wies Andrej Gromyko, UN-Delegierter der Sowjetunion, in seiner Rede vom 14. Mai 1947 hin. Hierin begründete er die Zustimmung der Sowjetunion zur Gründung eines eigenen Staates durch die Juden. Vgl. Gehrcke u. a.: Deutsche Linke, a. a. O., S. 78 ff.

4. STREITPUNKTE

Knesset nach den Wahlen im Frühjahr 2015 entschieden werden, ob sich Israel als jüdischer und demokratischer Staat definiert oder, wie es Netanjahu fordert, als ausschließlich *jüdischer Staat*. Das entspricht einer vorrepublikanischen Idee von Staat und Staatsbürgerschaft. Sie wird international wie von palästinensischer Seite abgelehnt, da sie faktisch die Ausbürgerung der 20 Prozent nicht-jüdischer Bürgerinnen und Bürger bedeuten würde. In der kontroversen Diskussion von November/Dezember 2014 um ein Nationalstaatsgesetz hat der ultra-nationalistische Außenminister Lieberman, er plädiert für einen jüdischen Staat Israel, Palästinenserinnen und Palästinenser aufgefordert, Israel zu verlassen; er hat ihnen dafür Geldzahlungen in Aussicht gestellt.[153]

In seiner Unabhängigkeitserklärung vom 14. Mai 1948 hat der Nationalrat »die Errichtung eines jüdischen Staates im Lande Israel – des Staates Israel« ausgerufen. Zugleich hat er zugesichert: Der Staat Israel »wird all seinen Bürgern ohne Unterschied von Religion, Rasse und Geschlecht soziale und politische Gleichberechtigung verbürgen. Er wird Glaubens- und Gewissensfreiheit, Freiheit der Sprache, Erziehung und Kultur gewährleisten, die Heiligen Stätten unter seinen Schutz nehmen und den Grundsätzen der Charta der Vereinten Nationen treu bleiben.«[154] Diese – bis heute nicht verwirklichten – Zusicherungen fehlen im derzeitigen Streit um das israelische Nationalstaatsgesetz.

Der zionistische Traum von einem Israel als *Europa im Nahen Osten* scheint ausgeträumt und geht zu Ende. Die prägende Mehrheit der jüdischen Einwanderung kam anfangs aus Europa. Sie brachte Europa im Bewusstsein und im Herzen mit, obwohl dieser Kontinent für sie furchtbares Leid bedeutet hatte. Arabische Mentalität war ihr fremd ebenso wie die arabischen Bewohnerinnen und Bewohner der Region. Die nahmen sie nicht zur Kenntnis. Das Land erschien ih-

---

153 Lieberman will Araber für Wegzug bezahlen, unter: www.sueddeutsche.de [10.12.2014].

154 http://embassies.gov.il/berlin/AboutIsrael/Dokumente%20Land%20und%20 Leute/Die_Unabhaengigkeitserklaerung_des_Staates_Israel.pdf [13.12.2014].

nen unbewohnt, menschenleer. Verschiedene Teile Israels, besonders Tel Aviv und Umgebung, sind europäisch geprägt, aber Tel Aviv ist nicht Israel. Und der Traum von einem *Europa im Nahen Osten* wird noch schneller begraben sein, wenn die Besatzung nicht im Sinn einer Zweistaatlichkeit beendet wird.

Die Definition Israels als allein *jüdischer Staat* wäre nicht zuletzt eine Niederlage der israelischen Friedens- und Bürgerrechtsbewegung. Sie hat deutlich davor gewarnt, dass Israel mehr und mehr den Charakter eines Apartheid-Staates annehme. Aus Sicht von außen legt der Begriff *Apartheid-Staat* die Apartheid in Südafrika unmittelbar mit den Zuständen im Israel von heute nah; das trifft nicht zu. Bedauerlicher Weise geht aber die ganze Entwicklung Israels in Richtung eines gravierenden Abbaus demokratischer und Menschenrechte, namentlich für die Palästinenserinnen und Palästinenser und für Minderheiten wie die Beduinen.

Obwohl Israel mit Abstand ökonomisch und militärisch die stärkste Kraft in der gesamten Region ist, bewegt es sich infolge seiner verfehlten Politik in einem mehrfachen Dilemma: Die Beibehaltung der Besatzung führt zwangsläufig in einen binationalen Staat mit nichtjüdischer Bevölkerungsmehrheit. Auf Dauer lässt sich die Diskriminierung einer so großen Bevölkerungsgruppe nicht aufrechterhalten; irgendwann wird sie zu tiefgreifenden Umwälzungen führen. Aus einer palästinensischen Befreiungsbewegung würde eine innerstaatliche Widerstandsbewegung entstehen. Damit wäre die zionistische Vorstellung von Israel gescheitert. Ihre Überführung in einen Kampf um Groß-Israel ist weder militärisch noch politisch zu leisten. Gegen diesen Versuch würden sich alle arabischen Staaten zusammenschließen und er fände international keine Unterstützung. Deshalb hat die Vorstellung von zwei Nationen in einem Staat kaum Chancen. Bleibt die Zwei-Staaten-Lösung als bessere Variante für Palästina und Israel – wenn eine Lösung zu den Siedlungen und Siedlern ohne Bürgerkrieg gefunden wird. Ein Ausweg aus dem israelischen Dilemma kann sich auftun mit einer tief gehenden Veränderung des innenpolitischen Kräfteverhältnisses, einer demokratischen Alternative auf der palästinensischen Seite und einer weltumspannenden Solidarisierung mit einem lebensfähigen Staat Palästina neben dem Staat Israel. Verhandlungen für einen Staat Palästina dürfen aber keine Scheinverhandlungen, keine Fortsetzung der Zermürbungs- und Demütigungstaktik gegenüber den Palästinensern sein. Das sicherzustellen, ist Aufgabe der Vereinten Nationen.

Zu Boykottmaßnahmen

In ihrem Parteivorstands-Beschluss vom November 2014 wie schon im Beschluss der Bundestagsfraktion vom Juni 2011 hatte DIE LINKE festgelegt, sich an keinen Boykottaufrufen gegen israelische Waren zu beteiligen. Vor dem Hintergrund der deutschen Geschichte ist die Sorge vor Bildern wie dem *Kauft nicht bei Juden der Nazis* verständlich. Aber es sollte auch Verständnis für die Motive von Boykottbewegungen geben, selbst dann, wenn man sie nicht teilt. Die Boykottbewegung BDS (Boykott, Desinvestitionen und Sanktionen) ist eine weltweite, demokratische Bewegung. Sie folgt dem Boykott südafrikanischer Waren zu Zeiten des weißen Apartheid-Regimes. Diese Bewegung ist prinzipiell gewaltfrei, sie gilt weltweit als Alternative zu gewaltsamen Aktionen. In Europa geht es vorwiegend um Waren, die nicht in Israel produziert werden, sondern in den besetzten Gebieten und die, um Handelsvorteile mit der EU auszunutzen, als israelische Waren (um)deklariert werden. Darauf aufmerksam zu machen und dagegen vorzugehen, könnte ganz im Sinn von EU-Beschlüssen sein.

Man muss die Pro-Boykott-Argumente nicht teilen, per se antisemitisch sind sie und ihre Motive nicht, was nicht bedeutet, dass nicht und niemals auch Antisemiten unter den Befürwortern des Boykotts zu finden sein könnten. Doch auch die Gegenargumente sind ernst zu nehmen: Nicht nur die Partei DIE LINKE schreckt mehrheitlich vor der Erinnerung an den *Juden-Boykott* der Nazis zurück. Im Juni 2012 spricht sich DIE LINKEN-Fraktion in einer Kleinen Anfrage an die Bundesregierung für die unterschiedliche Kennzeichnung der Waren aus Israel und den israelischen Siedlungen im besetzten Palästina aus

Boykott

Der Boykott von wirtschaftlichen, kulturellen, politischen Beziehungen ist eine Methode, nicht-militärischen Druck auf Regierungen oder Gruppen auszuüben, um sie zu einer Änderung ihrer Politik bzw. ihres Verhaltens zu drängen – so eine wertfreie Definition.

Der im Hinblick auf die Machtmittel asymmetrische Kampf der Palästinenser und israelischen Friedenskräfte gegen die israelische Besatzungspolitik wird seit 2005 durch den Boykott als Form des zivilgesellschaftlichen, nicht-militärischen Widerstands ergänzt. Mehr als 170 palästinensische Nicht-Regierungsorganisationen, das »umfassendste palästinensische Bündnis aller Zeiten«[1] rufen zu »Boykott, Desinvestitionen und Sanktionen« (BDS) auf.[2] Die Kampagne soll so lange Druck auf Israel ausüben, bis seine Politik mit Internationalem Recht und den universellen Prinzipien der Menschenrechte übereinstimmt; das heißt: die »Besetzung und Kolonisation allen arabischen Landes« beendet, die Mauer abgebaut, die fundamentalen Rechte der arabisch-palästinensischen Bürger Israels und ihre volle Gleichberechtigung anerkannt, sowie die »Rechte der palästinensischen Flüchtlinge, in ihre Heimat und zu ihrem Eigentum zurückzukehren«[3],

---

[1] Peter Schäfer, Leiter des Büros der Rosa-Luxemburg-Stiftung (rls) in Palästina, schrieb im Newsletter des rls-Büros in Ramallah Nr. 7 (21.7.2010): »Das umfassendste palästinensische Bündnis aller Zeiten fordert ›Boykott, den Abzug von Investitionen und Sanktionen‹ gegen Israel, bis dieses sich internationalem Recht beugt und die Unterdrückung der Palästinenser beendet. Und die internationale Unterstützung wächst.«

[2] Internationaler Aufruf der palästinensischen Zivilgesellschaft, 9.7.2005, unter: www.bds-kampagne.de [13.12.2014].

[3] Ebd.

akzeptiert werden, wie in der UN-Resolution 194[4] vereinbart. Zu den bekanntesten Unterstützenden der BDS-Kampagne gehören neben israelischen Wissenschaftlern und Friedensaktivisten wie Uri Davis, Jeff Halper, Neve Gordon, Ilan Pappe, Michel Warschawski (seit 2014) zahlreiche EU-Abgeordnete, der südafrikanische Erzbischof und Friedensnobelpreisträger Desmond Tutu, aus den USA die Journalistin und Globalisierungskritikerin Naomi Klein, die Schriftstellerinnen Alice Walker und Judith Butler, die nordirische Friedensnobelpreisträgerin Mairead Corrigan-Maguire, der in Argentinien gebürtige Musiker Daniel Barenboim, aus Deutschland die Friedensaktivistin Evelyn Hecht-Galinski, aus Indien die Schriftstellerin und Globalisierungskritikerin Arundhati Roy, aus Uruguay der Schriftsteller Eduardo Galeano; außerdem der französische Filmregisseur Jean-Luc Godard und der schwedische Schriftsteller Henning Mankell. 2009 wenden sich christliche Bischöfe, Theologen und Laien Palästinas mit dem »Kairos-Palästina-Dokument« an die »palästinensische und die israelische Gesellschaft, an die Weltgemeinschaft und an die christlichen Brüder und Schwestern in den Kirchen in aller Welt«. Sie appellieren an Israel, die Besatzung Palästinas zu beenden, und sprechen sich für die BDS-Kampagne aus. Die Unterstützung der BDS bezieht sich zum Teil auf den Warenboykott aus israelischen Siedlungen, zu einem anderen Teil auf wissenschaftliche Kontakte oder auf künstlerische Projekte. So haben im Jahr 2010 etwa 60 prominente israelische Künstler ein Theater in der israelischen Siedlung Ariel boykottiert und erhielten dafür die Unterstützung von 150 US-amerikanischen Schauspielern in Form eines offenen Briefes.

---

4   http://unispal.un.org/UNISPAL.NSF/0/C758572B78D1CD008 5256BCF0077E51A [13.12.2014].

Im März 2013 startete die BDS eine Unterschriftenkampagne »an alle Firmen in Deutschland sowie Kunden« mit dem Appell, »auf den Vertrieb, bzw. den Kauf von Produkten aus israelischen Siedlungen in den besetzten Gebieten zu verzichten«, bis die israelische Regierung die oben genannten Forderungen erfüllt. Der Boykott solle sich gegen alle Waren aus Israel richten, weil »die israelischen Firmen in bewusst irreführender Weise ›Israel‹ als Herkunftsland dieser Produkte angeben, ... die auch in den Siedlungen hergestellt sein könnten.«[5] Hingegen hatte die katholische Friedensorganisation pax christi ein Jahr zuvor und breit unterstützt in der Kampagne »Besatzung schmeckt bitter« zu einem Teilboykott von Waren aus den illegalen Siedlungen aufgerufen. Seit 2005 fordert pax christi die eindeutige Kennzeichnung israelischer Produkte. Die Begründung: Der »Europäische Gerichtshof hat 2010 geurteilt, dass Siedlungen nicht zum Staatsgebiet Israels zählen. Auch die Bundesregierung erklärt unmissverständlich, dass sie Israels Siedlungen für völkerrechtswidrig hält und unterscheidet strikt zwischen dem Gebiet des Staates Israel und den besetzten Gebieten. Schon seit 2005 sind israelische Unternehmen verpflichtet, bei Exporten in die Europäische Union Zusatzangaben zu machen, anhand derer die hiesigen Zollbehörden Siedlungsprodukte erkennen können.«[6]

---

5   www.bds-kampagne.de [11.12.2014].
6   www.paxchristi.de [13.12.2014].

und erklärt: »Israelische Siedlungen in den 1967 besetzten Gebieten sind ein Haupthindernis auf dem Weg zu einem gerechten Frieden in Nahost. Um diejenigen Kräfte in Israel und den palästinensischen Gebieten zu stärken, die sich mit gewaltfreien Mitteln für ein Ende der Besatzung und einen gerechten Frieden in Nahost einsetzen, sollten Konsumentinnen und Konsumenten darauf verzichten, Waren von Unternehmen zu kaufen, die in den besetzten Gebieten produzieren.«[155]

Der israelische Friedensaktivist Michel Warschawski, der auch in Deutschland für die BDS-Kampagne geworben hat, versteht die deutschen Hemmungen: »Die Bedingungen sind unterschiedlich. Deswegen kann die Kampagne nicht in jedem Land auf die gleiche Weise geführt werden. .... Man muss sich entsprechend der örtlichen Bedingungen organisieren und etwas auf die Beine stellen.«[156]

Grundlinie der Fraktion und der Partei DIE LINKE im Konflikt Israel/Palästina

1. Israel und ein zu gründender Staat Palästina sollen friedlich mit- und nebeneinander existieren, beide in international vereinbarten, sicheren Grenzen. Das Existenzrecht und die reale Existenz des Staates Israel wie das Recht auf einen lebensfähigen Staat Palästina werden nicht in Frage gestellt. Beide Staaten sollen regional und international anerkannt und Mitglied der Vereinten Nationen werden. Völkerrechtlich vereinbarte Grenzen sind Voraussetzung für diesen Prozess.

---

155 Kleine Anfrage der Fraktion DIE LINKE vom 28. Juni 2012 an die Bundesregierung, Drucksache 17/10205.
156 Michel Warschawski im Frankfurter Club Voltaire am 23. November 2011, unter: www.ipk-bonn.de [11.12.2014].

2. Vor dem Abschluss der Verhandlungen um den Endstatus soll Palästina sofort als Vollmitglied in die UNO und ihre Unterorganisationen aufgenommen werden. Das hat DIE LINKE Anfang 2015 im Bundestag beantragt.
3. Das besondere Verhältnis und die Verantwortung Deutschlands gegenüber Israel darf nicht zu Lasten und auf den Rücken der Palästinenserinnen und Palästinenser ausgetragen werden. Das Flüchtlingsproblem ist lösbar, wenn seitens Israel anerkannt wird, dass die Vertreibung der Palästinenserinnen und Palästinenser aus Israel (die Nakba) Unrecht war. Verbunden mit finanziellen Hilfen und der Aufnahmebereitschaft verschiedener Staaten müssen Flüchtlinge aus Palästina entscheiden können, ob sie, ausgestattet mit vollen staatsbürgerlichen Rechten, in ihren derzeitigen Aufnahmestaaten bleiben wollen resp. können, ob sie eine Einwanderung nach Israel anstreben oder Bürgerinnen und Bürger des neugegründeten Staates Palästina werden wollen. Europa muss seine Grenzen für weitere palästinensische Flüchtlinge öffnen.
4. Keinerlei Waffenlieferungen in die Konfliktregion Naher Osten, das heißt auch, keine Waffenlieferungen an Israel und keine an die arabischen Staaten. Vollständiger Gewaltverzicht aller am Konflikt Beteiligten, Entwaffnung der nichtmilitärischen Formationen.
5. Sicherung und deutliche Verbesserung der Lebensbedingungen in den besetzten Gebieten, Öffnung von Gaza für Waren und Personen, Beendigung der israelischen Besatzungspolitik.

Von wenigen Details abgesehen, sind die Grundsatzpositionen zum Israel-Palästina-Konflikt jene, die die Linksfraktion im Bundestag am 20. April 2010 beschlossen hat – und immer noch gilt der entsprechende Passus aus dem Grundsatzprogramm der Partei DIE LINKE. Beide sind im Anhang dieses Buches abgedruckt.

5. Kapitel
Drehbuch und Ziel der Kampagne

Wer über viel Geld und/oder publizistische Macht verfügt,
kann die politischen Entscheidungen massiv beeinflussen…
Die gleichgerichtete Prägung des Denkens vieler Menschen ist möglich.
Albrecht Müller

Eine Kampagne ist ein Feldzug, so der Duden (Synonym-Wörterbuch). Eine Kampagne, so sagt *Wikipedia*, »ist eine zeitlich befristete Aktion mit einem definierten Ziel, das durch geplantes und koordiniertes Zusammenwirken mehrerer Personen oder Akteure zu erreichen versucht wird … Eine Kampagne, welche Personen, Gruppen, Institutionen oder Ideen mit unfairen Mitteln und unlauteren Zielen diskreditieren will, nennt man Hetzkampagne oder Schmutzkampagne.« Die militärische Kampagne bedürfe der strategischen Planung, die »einen grundsätzlichen und zielorientierten Handlungsrahmen zur Erreichung eines militärischen Zieles« festlegt, »der sich an einem langfristigen Zeitrahmen orientiert«. Darin stimmt sie mit der medialen Variante überein: Beide werden geplant, und das Zusammenwirken der Akteure wird koordiniert. Das definierte Ziel wird bei der Schmutzkampagne ebenso wenig wie bei der militärischen Kampagne vorher der Öffentlichkeit bekannt gegeben.

Eine Medien-Kampagne mit Aussicht auf Erfolg kann lostreten, wer die Macht dazu hat. Wer über Medienmacht verfügt, Macht über die veröffentlichte Meinung, Macht über den Zeitgeist, über Begriffe und Moden, über Themen und Teilnehmer der Talkshows, des wissenschaftlichen Diskurses; wer die Macht hat, um die Durchsetzung des Zeitgeistes, neudeutsch: Mainstream, auch personell zu befördern und zu belohnen, notfalls Druck auszuüben auf Eigensinnige bis hin zum direkten Berufsverbot; Macht, die Besetzung von allerlei Gremien in den verschiedensten gesellschaftlichen Bereichen und Institutionen indirekt und direkt zu beeinflussen. Störungsfrei soll diese Macht funktionieren, damit die Machtlosen möglichst wenig von ihr sehen und hören. In diesem Sinne wurde 2006 die Medienkampagne »Du bist Deutschland!«[157] gestartet, in einem Jahr, als die wirtschaftlich und politisch Mächtigen den Sozialabbau verschärften, die Umverteilung von unten nach oben zu Lasten der unteren Einkommensschichten vorantrieben, Sozialleistungen kürzten z.B. durch eine weitere Absenkung des Arbeitslosengeldes II für Arbeitslose unter 25 Jahren. Diese Kampagne zielte darauf, Teilhabe an Deutschland, an der Macht vorzugaukeln.

Wenn sich aber Unmut breit macht, weil die da unten nicht länger alles ertragen wollen, wenn das alte Konzept von Brot und Spielen – »Wir sind Weltmeister!« oder eben »Du bist Deutschland« – nicht mehr hinreichend funktioniert, muss ein Plan B in Kraft gesetzt werden, um empörten Menschen die Vergeblichkeit von Protest- und Widerstandsaktionen zu demonstrieren, entsprechend der Grundhaltung: »Man kann ja doch nichts tun!« Das ist das uralte TINA-Prinzip (There Is No Alternative), wonach es zur Politik der Herrschenden keine Alternative gibt; jenes Prinzip, das lange vor Margret Thatcher den Menschen von Kindesbeinen an eingebläut wird. Als Plan C könnte man alle Aktivitäten bezeichnen, die der Niederhaltung organisierter oppositioneller Kräfte dienen, die systematisch und mit längerem Atem agieren als zeitweilig von Empörung ergriffene Menschen. Für

---

157 Wikipedia beschreibt diese Kampagne euphemistisch: »Du bist Deutschland war eine kontrovers diskutierte auf positives Denken und auf ein neues deutsches Nationalgefühl zielende Social-Marketing-Kampagne. Sie wurde im Rahmen der Initiative *Partner für Innovation* von 25 Medienunternehmen ins Leben gerufen und von Bertelsmann koordiniert. Initiator der Kampagne war Gunter Thielen, ehemaliger Vorstandsvorsitzender der Bertelsmann AG, unter: http://de.wikipedia.org/wiki/Du_bist_Deutschland [11.12.2014].

5. DREHBUCH UND ZIEL DER KAMPAGNE

solche Aktivitäten gibt es etliche Varianten, sogenannte gewaltlose wie – nötigenfalls – auch gewaltsame. Die eleganteste, fast lautlose ist die ideologische Aufweichung, politische Abwerbung oder auch Spaltung der organisierten Opposition. Dies geschieht unter Einsatz der veröffentlichen Meinung, die – um im militärischen Bild zu bleiben – die Köpfe mit bestimmten Parolen unter Dauerbeschuss nimmt: Die Sozialdemokraten sind vaterlandslose Gesellen oder die Bolschewiken sind Untermenschen oder die Juden sind an allem schuld oder die Arbeitslosen wollen gar nicht arbeiten und immer wieder auch: die Linken sind antisemitisch.

Öffentliche Meinung wird gemacht. Das sagen inzwischen nicht mehr nur unverbesserliche Kommunisten oder Verschwörungstheoretiker, sondern auch Wissenschaftler, die diesem Spektrum nicht zuzurechnen sind. Sie erklären: Meinungsmache findet statt im Zusammenwirken der Eliten in Wirtschaft, Banken, Politik, Medien, Wissenschaft, Justizwesen, die sich ihre Netzwerke geschaffen haben, in denen formell und informell Interessen artikuliert, abgestimmt und zu ihrer Realisierung Strategien und Taktiken in Auftrag gegeben bzw. entwickelt und durchgeführt werden – z.B. in Form von Kampagnen.

Eliten und ihre Netzwerke

Wer sind diese Eliten und woher kommen sie? Es sind die Reichen und Mächtigen in unserem Land, sagt der Elitenforscher Michael Hartmann[158] in seiner Studie über soziale Ungleichheit und wie die Eliten damit umgehen. Diese Eliten rekrutieren sich weitgehend aus sich selbst[159] und zeichnen sich durch eine ungewöhnlich deutliche soziale Homogenität aus. Die Rede von der »offenen Gesellschaft«, »Chancengleichheit aller« und der »persönlichen Leistung« als wichti-

---

158 Michael Hartmann: Soziale Ungleichheit – Kein Thema für die Eliten? Frankfurt a. M./New York 2013, S. 180.

159 Ebd., S. 48.

ges Kriterium für sozialen und ökonomischen Erfolg blamiert sich vor diesen Fakten. Die weitgehende Homogenität der Eliten betrifft ihre politischen und wirtschaftlichen Interessen, ihre Meinungen, Werte und Einstellungen insbesondere »in der Frage der sozialen Ungleichheit, ihrer Ursachen und der daraus zu ziehenden Konsequenzen«, wie es Hartmann sachlich formuliert. Da braucht es keine Korrumpierung, noch Verschwörung oder gar Gehirnwäsche, um beispielsweise die Leitmedien, an deren Spitzen Vertreter der Medienelite[160] stehen, auf die Propagierung der Erfordernisse des Neoliberalismus oder eines Krieges einzustimmen. Dies konstatiert Michael Krüger, der den Einfluss von Eliten auf Leitmedien und Alpha-Journalisten untersucht hat. Die Einbindung führender Journalisten in Netzwerke der Macht sei nicht der Grund für ihre Meinungskonformität mit den Eliten. »Ein Journalist kommt nicht als unbeschriebenes Blatt in so ein Milieu«, er teilt dessen Werte schon vorher und wird »aufgrund dieser geistigen Nähe überhaupt erst eingeladen« in solche Elitezirkel.[161] Das »Eingebunden-Sein in einem Netzwerk« könne die Meinung eines Journalisten verfestigen und so verhindern, »dass diese im Zeitverlauf kritisch hinterfragt wird«.[162] Krüger hält es auch für realistisch, dass ein Journalist in Netzwerken dazu angehalten wird bzw. sich dazu anhalten lässt, »bestimmte Interessen seiner sozialen Umgebung aktiv zu propagieren. Als Sanktion kann der Ausschluss aus dem exklusiven Zirkel drohen: Sozialkapital ist eben, anders als ökonomisches oder Humankapital nicht vollständig im Besitz des Akteurs. Sondern kann vom Beziehungspartner entzogen werden.«[163] Materielle Korruption, Schmiergeldzahlungen u. ä. widersprechen den ethischen Grundsät-

---

160 Sie haben Positionen inne wie: Chefredakteur, Intendant, Mitherausgeber, Ressortleiter u. ä. Die 15 meistvernetzten Journalisten sind zu finden in ZDF, ZEIT, FAZ, SZ, Focus, WELT, Spiegel und Bild. Vgl. Uwe Krüger: Meinungsmacht. Der Einfluss von Eliten auf Leitmedien und Alpha-Journalisten – eine kritische Netzwerkanalyse, Köln 2013, S. 126.

161 Der Einfluss der Eliten. Gespräch von Günter Herkel mit Uwe Krüger, in: M. Menschen Machen Medien. Nr. 5, Juli 2014, Jg. 63, S. 19.

162 Krüger, Meinungsmacht, S. 145.

163 Ebd.

zen, gelten nach dem deutschen Pressekodex als unehrenhaft, kommen aber in der Realität sicher auch vor. Für entscheidender hält Krüger jedoch andere Vergünstigungen wie das Zugehörigkeitsgefühl zur Elite, exklusive Informationen und exklusives Hintergrundwissen – sie sind attraktive Schmiermittel, um Journalisten dazu zu bringen, »unbewusst bestimmt Prämissen oder Argumente eines Diskurses unhinterfragt zu übernehmen, in die eigenen Kommentare einzuflechten, eine Stimmung oder eine Angst zu schüren oder ein bestimmtes Wording (etwa Euphemismen) zu verwenden, das die gesellschaftliche Akzeptanz bestimmter Entscheidungen oder Zustände erhöhen soll«. Die Gegenleistung könne auch darin bestehen, »nicht in eine bestimmte Richtung zu recherchieren«.[164] Die herrschenden Eliten üben die Meinungshoheit direkt oder indirekt über Netzwerke aus – über »Denkfabriken« wie Stiftungen, Hochschulen, Forschungseinrichtungen, über Medien, Umfragen, Lobbyarbeit, Pressure Groups, Politik und einflussreiche Persönlichkeiten. Wenn es sich schon in den USA, wie der Soziologe Hans-Jürgen Krysmanski schreibt, bei den Eliten um einen überschaubaren Kreis von wenigen tausend Personen handelt, der »in immer neuen Kombinationen die Vorstände der bedeutendsten Großkonzerne, Banken, Versicherungen, Investitionsfirmen, staatlichen Institutionen, Elite-Universitäten, kulturellen Institutionen, Stiftungen usw.« besetzt, dürfte der entsprechende Kreis in Deutschland deutlich kleiner sein. »Im Zentrum dieses hochgradig vernetzten Systems«, so Krysmanski, wirken in den USA verschiedene Diskussionsgremien, die sich mit Geschäfts- und Finanzpolitik, Wirtschaftsentwicklung, Außenpolitik befassen und »in denen die wichtigsten staatlichen, parlamentarischen und gesetzgeberischen Aktivitäten vorentschieden werden.«[165] Ähnliches, so Krysmanski, können wir auch für die deutschen Verhältnisse annehmen, und hier wie dort wird der Öffentlichkeit die personelle Zusammensetzung der Eliten nicht auf dem Präsentierteller serviert.

---

164   Ebd., S. 146
165   Hans-Jürgen Krysmanski: Hirten & Wölfe. Wie Geld- und Machteliten sich die Welt aneignen, Münster 2004, S. 158.

Uwe Krüger hat in seiner Untersuchung für die Medieneliten eine solche enge Verflechtung mit den Eliten der anderen Machtbereiche dargestellt. Bei fast jedem Dritten aus der Gruppe der untersuchten Spitzenvertreter der Medien wurden »im Untersuchungszeitraum 2002-2009 Verbindungen zu insgesamt 82 Organisationen gefunden, durch die Kontaktpotenzial mit Repräsentanten von Staat und/oder Konzernen sowohl Deutschlands als auch anderer Länder bestand.«[166] Die Spitzenjournalisten der Leitmedien treffen in »Hintergrundkreisen« auf deutsche Spitzenpolitiker der Parteien, Wirtschaftsjournalisten in Presseclubs auf Konzernchefs. »Der ZDF-Intendant ist als Beirat vieler gemeinnütziger Organisationen im Bereich Kultur und Soziales erreichbar für deutsche Politiker und Manager; und außenpolitisch tonangebendes Personal der Leitmedien *FAZ, SZ, Welt* und *Zeit* ist in Organisationen und Elitezirkel involviert, die sich mit Außen- und Sicherheitspolitik befassen und eine Schlagseite zu den USA und zur NATO aufweisen.«[167] Die Medieneliten nehmen auch Einfluss auf »die innere Willensbildung der Parteien sowohl in programmatischer und strategischer Hinsicht als auch bei der Personalauswahl«[168], wie Albrecht Müller in seinem Buch »Meinungsmache« nachweist. Für das ideologische Einwirken in die Parteien sind »Stichwortgeber von innen« erforderlich, die so lang und gegebenenfalls konfrontativ die Positionen aus den Elitezirkeln wiederholen, bis sie – unter wohlwollender Begleitung der einschlägigen Wirtschaftsverbände, Stiftungen und Initiativen – die Meinungshoheit gewonnen haben, zum Beispiel bei der Anpassung von programmatischen Ausrichtungen der Partei auf die Hartz-IV-Politik, auf Kriegsbeteiligungen, auf weltweite militärische Sicherung ökonomischer Interessen, wie sie inzwischen auch offen von Bundespräsident Gauck und der Verteidigungsministerin von der Leyen gefordert wird. Die Begleitung solcher meinungsbildenden Kampagnen

---

166 Krüger, S. 149.
167 Ebd., S. 149f.
168 Albrecht Müller: Meinungsmache. Wie Wirtschaft, Politik und Medien uns das Denken abgewöhnen wollen, München 2009, S. 340.

durch die herrschende Wissenschaft ist ein unverzichtbarer Bestandteil. Sie wird abgesichert durch Thinktanks und Stiftungen, deren Zahl in den letzten Jahrzehnten deutlich gestiegen ist, und die neoliberale Ausrichtung der Universitäten.

»Meinungsmacht ist ... die eleganteste Form der Diktatur« (Albrecht Müller)

Wie Medien Meinung machen, hat Albrecht Müller anschaulich an zahlreichen Kampagne-Beispielen dargestellt. Das Wesen der Meinungsmache ist Manipulation, nicht Argumentation: Behauptungen werden immer aufs Neue wiederholt, aus unterschiedlichen Ecken und von Prominenten unterstützt. Eingesetzt werden die Sprache, die Besetzung von Begriffen, die Wiederholung von Bildern – also: Affirmation, damit kein Zweifel aufkommen kann; Widerstand wird weitgehend ausgeschaltet. Man geht nicht auf Diskussionen ein, bleibt in der Angriffsposition, lässt sich nicht auf Teilprobleme ein, greift den Gegner gleich in seiner ganzen Existenz an, antwortet auf Kritik sofort mit Gegenangriff, stellt Einzelfälle fürs Ganze dar, schürt Angst, übertreibt, personalisiert Konflikte und verschweigt wichtige Tatsachen.[169] Für diese manipulativen Mechanismen finden kritische Medienbeobachter zahllose Belege. Über die Netzwerke, in die die Leitmedien eingebunden sind, wird die für die Bevölkerungsmehrheit meist unsichtbare Indoktrination, pardon: Meinungsbildung, vorgenommen. Albrecht Müller: »Meinungsmache ist heute bei Ländern wie dem unseren das lautloseste und sanfteste Mittel zur Machteroberung und zur Machtausübung.«[170] Und so darf man sich auch die Wege vorstellen, wie eine Kampagne durchgeführt wird – lautlos über die Netzwerke hinein in die Medien. Doch am Anfang steht eine Entscheidung, eine bestimmte, von politischen Beratern oder Thinktanks sorgfältig ausgewählte Kampagne zu einem bestimmten Zeitpunkt gegen einen

---

169 Ebd., S. 127-144.
170 Ebd., S. 182.

bestimmten »Gegner«[171] durchzuführen, weil er oder seine Positionen oder Forderungen den herrschenden Eliten bedrohlich erscheinen, z. B. weil sie Alternativen zum Kapitalismus schmackhaft machen könnten. Während die »Rote-Socken«-Kampagne gegen die PDS in den 1990er Jahren vergleichsweise harmlos war, ist die Kampagne gegen Linke und DIE LINKE, die den Vorwurf des Antisemitismus in den Mittelpunkt stellt, eine nicht zu unterschätzende Waffe, delegitimierend, unter Umständen tödlich im politischen Geschäft, weil sie auf die moralische Ausschaltung des politischen Gegners zielt.

Ein Szenario

Im Folgenden soll ein Szenario entwickelt werden, wie die Kampagne gegen links in Gang gesetzt worden sein könnte. Geben wir uns also ganz verschwörungstheoretisch: Danach stünden zwei Netzwerke im Mittelpunkt, von deren Mitwirken hier, in dem fiktiven Drehbuch, ausgegangen wird. Die Akteure könnten auch anders heißen. Aber ganz zufällig sind sie auch nicht ausgewählt.

Die Akteure
Erstens: Die Deutschen Gesellschaft für Auswärtige Politik (DGAP) ist ein außenpolitischer Thinktank. Hier treffen sich Vertreter des deutschen Militärs und der Geheimdienste mit Wissenschaftlern und Journalisten zum Austausch.[172] Die DGAP wird vor allem aus Mitteln des Auswärtigen Amtes und der Industrie finanziert und weist personelle Überschneidungen mit der Bertelsmann-Stiftung auf. Zum Zeitpunkt dieser Untersuchung gehörten dem Präsidium der DGAP beispielsweise Elmar Brok an, einflussreicher EU-Parlamentarier und Angestellter der Bertelsmann AG, Günther Nonnenmacher, 20 Jahre lang

---

171 Partei, Gruppe, Person, Meinung, Rechtsauffassung usw.
172 So der Journalist Jörn Hagenloch: Von der Zivilmacht zur Supermacht Europa. Die außenpolitische Agenda der Bertelsmann-Stiftung, in: Wissenschaft & Frieden, 2007, Nr. 3: Medien und Krieg / Kriegsmedien, unter: www.wissenschaft-und-frieden.de [11.12.2014].

Mitherausgeber der *FAZ* und vom CAP[173] für seine langjährige Verbundenheit in den exquisiten Club der ›CAP-Fellows‹ aufgenommen, Ehrenmitglied ist etwa Rita Süßmuth, die bis vor kurzem auch im Kuratorium der Bertelsmann-Stiftung saß. Zu den zahlreichen Aktivitäten dieser Stiftung gehören auch solche, die die deutsch-israelischen Beziehungen und das Thema Antisemitismus zum Gegenstand haben; unter anderem im »Deutsch-Jüdischen Dialog«, der 1992 gegründet wurde. Er dient, entsprechend seiner Selbstdarstellung im Internet, der »Idee eines regelmäßigen, breit angelegten Gedankenaustausches von deutschen Politikern, Journalisten, Unternehmern und Akademikern mit Entscheidungsträgern und Meinungsführern verschiedener jüdischer Gemeinden in ganz Europa, aus Israel und aus den Vereinigten Staaten.« Zu den deutschen politischen »Meinungsführern«, die am Gedankenaustausch teilnahmen und teilnehmen, gehörten und gehören »Ehemalige« wie die Bundespräsidenten wie Johannes Rau und Richard von Weizsäcker, Bundeskanzler wie Helmut Kohl und Gerhard Schröder, Außenminister Joseph Fischer (Grüne), die Bundestagspräsidentin Rita Süßmuth (CDU), der Präsident des Bundesverfassungsgerichts Roman Herzog und Generalbundesanwalt Kay Nehm. Aber auch Wissenschaftler, Künstler und – nicht zu vergessen

---

[173] Das CAP (Centrum für Angewandte Politikforschung) bezeichnet sich als unabhängige Denkfabrik, die mit ihrem Arbeitsansatz der »angewandten Politikforschung« die Lücke zwischen Politik und Wissenschaft schließt. Das CAP sieht sich als eines der größten universitären Institute der Politikberatung zu europäischen und internationalen Fragen in Deutschland. Als Dach praxisorientierter Drittmittelforschung wurde es 1995 von Prof. Dr. Werner Weidenfeld am Lehrstuhl für Politische Systeme und Europäische Einigung des Geschwister-Scholl-Instituts für Politikwissenschaft der Ludwig-Maximilians-Universität München gegründet. Seine operativen Mittel wirbt das CAP über Projekte und Partnerschaften mit Stiftungen, staatlichen Institutionen und Unternehmen ein, erarbeitet Strategien und Optionen zu aktuellen Fragestellungen der Politik. Weidenfeld wurde 2007 als einflussreichster Politikberater in Deutschland eingestuft. Von 1987-1999 war er Koordinator der deutsch-amerikanischen Beziehungen der Bundesregierung. Im Vorstand der Bertelsmann-Stiftung begleitete er von 1992 bis 2007 gemeinnützige Projekte weit über das CAP hinaus, unter: www.cap-lmu.de/cap/leitung.php [11.12.2014].

– Medienvertreter sind in »handlungsorientierte Workshops und Konferenzen« eingebunden und pflegen den Gedankenaustausch. »Offene« Gespräche, die »vertraulich« geführt werden, sind dabei kein Widerspruch.

Zweitens: Das American Jewish Committee (AJC) in Deutschland und die dort vertretenen Leitmedien und PolitikerInnen bilden ein Netzwerk, das u. a. mit der DGAP und darüber hinaus weltweit vernetzt ist. Im Beirat des AJC in Deutschland waren – wiederum zum Zeitpunkt der Recherche – deutsche PolitikerInnen von CDU, SPD, FDP, Grünen; Journalistinnen, und Journalisten wie Ernst Cramer, Mathias Döpfner (beide Springer), Peter Frey (*ZDF*), Petra Lidschreiber (*RBB*), Michael Naumann (SPD, ehemaliger Staatsminister für Kultur, (*Cicero*), der inzwischen verstorbene Frank Schirrmacher (*FAZ*), Sylke Tempel (DGAP); Repräsentanten von Unternehmen und Stiftungen wie Berthold Beitz, Ralf Fücks (Heinrich-Böll-Stiftung), Hildegard Müller (Bundesverband der Energie- und Wasserwirtschaft), Wolfgang Nowak (Alfred-Herrhausen-Gesellschaft), Arend Oetker; für jüdische Institutionen Michael Blumenthal (Jüdisches Museum), Paul Spiegel, Charlotte Knobloch und Salomon Korn (Zentralrat der Juden in Deutschland). Weitere Beiratsmitglieder: US-amerikanische AJC-Repräsentanten, Politiker und Wirtschaftsvertreter. Der AJC ist auch Mitglied des Beirats der Atlantik-Brücke, eines weiteren Thinktanks. Die Atlantik- Brücke wiederum ist eine der ältesten und einflussreichsten Schnittstellen von Großindustrie, Finanzwelt, Militär, Politik und Journalismus. Beitritt aus eigenem Wunsch und Willen ist unmöglich, »man« wird vom Vorstand berufen. Die Atlantik-Brücke hat um die 500 Mitglieder, die Hälfte aus der Wirtschaft, die andere Hälfte aus Politik, Wissenschaft, Medien.[174]

Was vernetzte Kooperation konkret beinhalten kann, lässt eine Pressemitteilung der AJC vom 3.12.2009[175] erahnen, in der es heißt:

---

[174] Liste von Mitgliedern aus Medien unter: http://spiegelkabinett-blog.blogspot.de/2013/03/journalisten-der-atlantikbrucke-in.html [23.2.2015]. Mehr Mitglieder der Atlantik-Brücke unter http://de.wikipedia.org/wiki/Liste_von_Mitgliedern_der_Atlantik-Brücke [Zugriff 23.2.2015].

[175] www.ajcgermany.org [11.12.2014].

5. DREHBUCH UND ZIEL DER KAMPAGNE 123

»Das American Jewish Committee (AJC) und das Bundesministerium der Verteidigung begehen am 8. Dezember ihre 15-jährige Partnerschaft mit einem Festakt, bei dem Bundesverteidigungsminister Dr. Karl-Theodor zu Guttenberg und David Harris, Geschäftsführer des AJC, sprechen werden ... Die Beziehung zwischen AJC und der Bundeswehr ist die außergewöhnliche Geschichte einer globalen jüdischen Organisation und der deutschen Streitkräfte, um sich zusammen für eine bessere Zukunft einzusetzen und die Erinnerung an die tragische Vergangenheit aufrechtzuerhalten ... Zahlreiche deutsche Bundeswehr-Delegationen besuchen jährlich das AJC Hauptquartier, um über Deutsche und Juden, den Nahen Osten und die Transatlantischen Beziehung zu sprechen ... Nach der Zeremonie in Berlin werden das AJC und die Bundeswehr ein Symposium veranstalten unter dem Titel ›Transatlantic Partnership and the Mideast – Shaping Future Security Policy in the Region‹. Den Impulsvortrag hält Dr. Christoph Heusgen, außenpolitischer Berater der Bundeskanzlerin, ein Grußwort spricht der US-Botschafter in Deutschland, Philipp D. Murphy. Diskussionsteilnehmer am Symposium sind Christian Schmidt, damals Parlamentarischer Staatssekretär im Bundesministerium der Verteidigung, seit 2014 Bundesminister für Ernährung und Landwirtschaft; Emmanuel Nahshon, Gesandter der Botschaft des Staates Israel, Berlin; und David Harris, AJC New York. Die Runde wird von Sylke Tempel, Chefredakteurin der Zeitschrift *Internationale Politik* der DGAP, moderiert werden.« In einer weiteren Pressemitteilung, am 20.5.2010, teilte das AJC mit, dass »die Konrad-Adenauer-Stiftung (KAS) mit dem Ernst-Cramer-Preis für besondere Verdienste um die amerikanisch-jüdisch-deutsche Verständigung« ausgezeichnet wurde. Die Auszeichnung wurde begründet: »Seit 1980 organisiert die KAS in Kooperation mit dem AJC ein jährliches Austauschprogramm zwischen amerikanisch-jüdischen und deutschen Nachwuchskräften ... Die Verleihung des Preises findet im Rahmen eines Festaktes in der Berliner Akademie der Konrad-Adenauer-Stiftung in Anwesenheit von AJC-Präsident Robert Elman und AJC-Geschäftsführer David Harris statt.« Ernst Cramer, der Namensgeber des Preises, war »eine der prägendsten Figuren der Axel Springer AG und beeinflusste über Jahrzehnte maßgeblich die publizistische Landschaft der Bundesrepublik ...«.[176]

Neben Konferenzen, Workshops, Seminaren sind es vor allem halboffizielle, private Zusammenkünfte[177], auf denen von Vertreterinnen, Vertretern der wirtschaftlichen und politischen Macht politische »inputs« gegeben werden. In Deutschland sind zum Beispiel die informellen Begegnungen des »Triumfeminats« aus Angela Merkel, Friede Springer, Liz Mohn[178] zu nennen, die »eng miteinander befreundet« sind. »Man spricht sogar von regelmäßigen gemeinsamen Kaffeekränzchen im Kanzleramt.« Das verbindet und verpflichtet. Als im Januar 2011 Friede Springer mit einem Startkapital von 80 Millionen Euro aus ihrem Privatvermögen eine Stiftung zur Förderung von Wissenschaft, Kunst, Kultur und Bildung gründete, berief sie den Ehemann der Kanzlerin, Joachim Sauer, in den Vorstand. Zu den besonderen Zielen der Stiftung gehört die »Unterstützung der Lebensrechte des israelischen Volkes«[179]. Mit diesem Credo hatte schon 1967 der »Pressekonzern Axel Springer ... den neuen [Pro-Israel; W.G.] Diskurs in seinen Zeitungen propagiert«, dazu seine Redakteure per Arbeitsvertrag verpflichtet und »zum Teil seiner fünf gesellschaftspolitischen Unternehmensgrundsätzen« gemacht.[180] Sie lauten: »1) Das unbedingte Eintreten für den freiheitlichen Rechtsstaat Deutschland als Mitglied der westlichen Staatengemeinschaft und die Förderung der Einigungsbemühungen der Völker Europas. 2) Das Herbeiführen einer Aussöhnung zwischen Juden und Deutschen, hierzu gehört auch die Unterstützung der Lebensrechte des israelischen Volkes. 3) Die Unterstützung des transatlantischen Bündnisses und die Solidarität in der freiheitlichen Wertegemeinschaft mit den Vereinigten Staaten von

---

176 www.ajcgermany.org [11.12.2014].
177 Krysmanski, a. a. O., S. 29f., 162.
178 So Wolfgang Lieb in den NachDenkSeiten, 28.1.2011, unter: www.nachdenkseiten.de [11.12.2014].
179 WELT vom 29.1.2011.
180 www.axelspringer.de/artikel/Grundsaetze-und-Leitlinien_40218.html [11.12.2014].

5. DREHBUCH UND ZIEL DER KAMPAGNE 125

Amerika. 4) Die Ablehnung jeglicher Art von politischem Totalitarismus. 5) Die Verteidigung der freien sozialen Marktwirtschaft«.

Der Historiker Daniel Cil Brecher zeichnete den Wandel des Israel-Bildes und Israel-Diskurses (nach 1945) in der Bundesrepublik Deutschland nach, in dem der Springer-Verlag eine hervorragende Rolle spielte. Brechers Fazit: »So wurde der neue Diskurs über Juden und Israel, der als Protest gegen das Schweigen der bundesrepublikanischen Gesellschaft und politischen Instanzen begonnen hatte, allmählich zum Instrument in der Hand des jüdischen Staates«[181]. Aus einzelnen pro-israelischen Gruppen und Verbänden, jüdischen Institutionen, deutsch-israelischen Städtepartnerschaften, kirchlichen und Friedensprojekten wurde »durch die zunehmenden Propaganda-Bedürfnisse Israels eine informelle Pro-Israel-Koalition«[182]. Diese losen Netzwerke seien ebenso schlagkräftig wie die straff organisierte und höchst professionell arbeitende Pro-Israel-Lobby in den USA, etwa das American Israel Public Affairs Committee (AIPAC)[183]. Zu den Mitgliedern gehören (oder gehörten) u.a. die Clintons, die Bushs, Dick Cheney, Condoleezza Rice, Ehud Olmert, Jitzchak Rabin, Shimon Peres, Benjamin Netanjahu, Ehud Barak, Ariel Sharon und die

---

181 Daniel Cil Brecher: Der David, a.a.O., S. 200.
182 Ebd., S. 165. Daniel Cil Brecher war Mitarbeiter der Gedenkstätte Yad Vashem und des Leo-Baeck-Instituts in Jerusalem. Er lebt heute in den Niederlanden. Seine Texte und Bücher erscheinen nicht in Hebräisch, sondern in Englisch und Deutsch. Seine Begründung: »Die große Mehrheit der jüdischen Israelis würde auf Meinungen, wie ich sie vertrete, mit Wut und Unverständnis reagieren. Ich übe ja Kritik an ihrer Staatsideologie ... Diese Menschen würden mich als Verräter sehen, als jemanden, der zum Feind übergelaufen ist.«, unter: www.ag-friedensforschung.de/regionen/Israel/brecher.html [11.12.2014].
183 Das American Israel Public Affairs Committee (AIPAC, dt.: »Amerikanisch-israelischer Ausschuss für öffentliche Angelegenheiten«) ist eine pro-israelische Lobby in den USA mit über 100.000 Mitgliedern. Es wurde 1953 als American Zionist Committee for Public Affairs gegründet. In den USA gilt es als die mächtigste unter den pro-israelischen Lobbys und als eine der mächtigsten Lobbys der USA überhaupt, laut Wikipedia, siehe unter http://de.wikipedia.org/wiki/American_Israel_Public_Affairs_Committee [11.12.2014].

mächtige Anti-Defamation League (ADL)[184]. Das AIPAC und andere US-amerikanisch-jüdische und US-amerikanisch-christliche Gruppen zielen direkt auf die Beeinflussung politischer Prozesse in Washington. Demgegenüber richtete sich »die lose Pro-Israel-Koalition in Deutschland in erster Linie auf die Beeinflussung des öffentlichen Gesprächs über Israel, den Nahost-Konflikt, arabische Kultur und Islam.«[185]

Die besondere Beziehung, die den israelischen Staat mit dem Haus Springer verbindet, hat eine lange Tradition und wurde 2012 auf exemplarische Weise sichtbar – exemplarisch, weil sich die Sichtbarkeit nur auf jenen kleinen Teil beschränkte, auf den das Licht der Öffentlichkeit gerichtet wurde: Der israelische Außenminister Avigdor Lieberman hielt bei der Feierstunde der Deutsch-Israelischen Gesellschaft anlässlich des 100. Geburtstages von Axel Springer eine Rede, die im Internet allerdings nur in Auszügen veröffentlicht wur-

---

184 Die ADL, die Antidiffamierungsliga, ist laut Wikipedia eine US-amerikanische Organisation mit Hauptsitz in New York City, die gegen Diskriminierung und Diffamierung von Juden eintritt. Sie ist ein Mitglied des American Israel Public Affairs Committee (AIPAC). In Deutschland arbeiten das Bundesinnenministerium und die ADL »in fester Verbundenheit« zusammen. ADL verleiht einen Distinguished Statesman Award für besondere Politikverdienste. Preisträger sind unter anderem Ariel Scharon (2002) und Silvio Berlusconi (2003). Die Preisverleihung an Berlusconi sorgte für Proteste, weil dieser kurz zuvor die italienischen Faschisten unter Mussolini verharmlost hatte. Der Vorsitzende der ADL, Abraham Foxman, bezeichnete ihn trotzdem als »Freund«, wenn auch als »Freund mit Fehlern« (»flawed friend«). Foxman begründete die Entscheidung damit, dass die Haltung von Berlusconi gegenüber dem Staat Israel sowie seine Unterstützung für die USA im Krieg gegen den Irak und den Terrorismus wichtig sei und die Haltung von Berlusconi gegenüber der faschistischen Vergangenheit Italiens ein »Ausrutscher« gewesen sei … Norman Finkelstein schrieb der Organisation in seinen früheren Werken eine positive Rolle zu, doch in späteren Büchern warf er der ADL vor, sich an der antikommunistischen Hetze unter McCarthy beteiligt zu haben, in den 60er Jahren eine Verleumdungskampagne gegen Hannah Arendt und in den 70er Jahren gegen Noam Chomsky geführt zu haben, und in erster Linie nicht Antisemitismus zu bekämpfen, sondern Israel gegen jegliche Kritik zu verteidigen, vgl. http://de.wikipedia.org/wiki/Anti-Defamation_League [11.12.2014].

185 Daniel Cil Brecher: Der David, a.a.O., S. 200.

de. Lieberman würdigte Springer, der »entscheidend zur Begründung der besonderen Beziehungen zwischen Israel und Deutschland« beigetragen habe. Für Lieberman stammen Antikommunismus und eine Pro-Israel-Haltung aus ein und derselben Quelle: »Springers Geist, der es ihm möglich machte, sich der Supermacht Sowjetunion entgegenzustellen, leitete ihn auch darin, für die Entstehung, Sicherheit und den Wohlstand des jüdischen Staates einzutreten ... Derselbe Geist fand auch nach der Veröffentlichung von Günter Grass' antiisraelischem Gedicht Ausdruck. In diesem Zusammenhang möchte ich Herrn Döpfner, dem Vorsitzender der Axel Springer AG, meine Anerkennung für seine klare und prinzipientreue Antwort auf die inakzeptable Position aussprechen, die Günter Grass geäußert hat.«[186]

Der Ablauf
Mit ein wenig Phantasie ist jetzt vorstellbar, wie die Kampagne gegen links in Gang gesetzt worden sein könnte: Bei einem der vertraulichen Gespräche – sagen wir im Vorstand der Atlantik-Brücke oder unter den führenden Köpfen der Bertelsmann-Stiftung – wird bei Kaffee und Kuchen oder bei Fingerfood und Prosecco offen das ständige Ärgernis von kapitalismuskritischen Aktionen und Äußerungen ausgesprochen. Man kann das gerade gar nicht gebrauchen. Die Unruhestifter, sagen wir von Attac und der LINKEN, müssen gezügelt werden, und das möglichst nachhaltig. Wie von selbst kommt einer aus der Runde auf einen Thinktank, z. B. das Centrum für angewandte Politikforschung (CAP), das »Strategien und Optionen zu aktuellen Fragestellungen der Politik« entwickelt und später sein Kampagnen-Konzept vorstellt: Alle, die darin eine aktive Rolle zu spielen haben, sind ohnehin in dieser Runde anwesend; sie werden ihre Kontakte nutzen bis tief nach unten zu den Antideutschen[187] und möglichst tief

---

186 Botschaft des Staates Israel / Auswärtiges Amt, 7.5.2012.
187 Antideutsche sind, laut Wikipedia [16.4.2015], »eine aus verschiedenen Teilen der radikalen Linken hervorgegangene Strömung in Deutschland. Antideutsche wenden sich nach eigener Überzeugung gegen einen spezifisch deutschen Nationalismus, der im Zuge der deutschen Wiedervereinigung erstarkt sei. Weitere antideutsche Positionen sind Solidarität mit Is-

in die linke Szene hinein. So oder ähnlich könnte es gewesen sein. Aber ohne Planung, Koordinierung und Nutzung der Netzwerke hätte die Antisemitismus-Anklage-Kampagne nicht funktioniert.

Der Verlauf der Kampagne bestätigt auch die Feststellung Müllers von den innerparteilichen »Stichwortgebern«. Auch innerhalb der LINKEN gibt es »Brückenköpfe«, die die These vom Antisemitismus in der Linken immer wieder bedienen.

Kein deutscher Linker, keine Linke, gleich welcher Strömung, ob von eher dickfelligem Gemüt oder zartbesaitet, steckt die Anschuldigung, Antisemit zu sein, einfach so weg. Keine Linke, kein Linker möchte diese Beschuldigung auf sich sitzen lassen. Denn sie trifft mitten ins Herz. Sie macht hilflos und drängt dazu, sich zu verteidigen, zu rechtfertigen, wohl wissend, dass das gänzlich sinnlos ist. Und weil die Erfinder dieser Kampagnen das wissen, werden Antisemitismus-Vorwürfe immer wieder eingesetzt. Dabei geht es den Kampagnen-Lenkern überhaupt nicht um die Bekämpfung des Antisemitismus. Der allerdings hat in den letzten Jahren zugenommen. Wir haben vorn unterschiedliche empirische Untersuchungen vorgestellt, aus denen hervorgeht, dass antisemitische Einstellungen von rechts bis links und auch im Spektrum der im Bundestag vertretenen Parteien zunehmen; unter den Israelfreunden allerdings sind die Vorbehalte gegen Juden größer als unter den Palästinafreunden und es besteht kein linearer Zusammenhang von Antizionismus und Antisemitismus. Diese Befunde stehen im Widerspruch zur antilinken Demagogie des politischen und medialen Mainstreams.

Zwei Stoßrichtungen der Kampagne
Die Kampagne hat zwei Stoßrichtungen: Sie zielt auf den inneren Zusammenhalt der Partei DIE LINKE – oder auch von Attac oder der Friedensbewegung – und sie richtet sich gegen ihre politischen Inhalte. Hinzu kommen taktische, kurzfristige Interessen. So wies z. B. im Juni 2011 Uli Gellermann darauf hin: »... im September steht die

---

rael und Gegnerschaft zum Antizionismus, Antiamerikanismus, bestimmte (›regressive‹) Formen von Antikapitalismus und Antiimperialismus.«

internationale Anerkennung eines palästinensischen Staates auf der Tagesordnung. Die einzige deutsche Partei, die diese Anerkennung offen unterstützt, ist eben DIE LINKE. Da ist dann jeder absurde Vorwurf recht, wenn Graumann zum Beispiel vom ›pathologisch blindwütigen Israel-Hass‹ in der LINKEN schreibt ...«[188] Der Journalist Jacob Jung erkannte in der von den anderen Bundestagsparteien betriebenen Agitation das Ziel, »die Linkspartei als möglichen Koalitionspartner künftiger Landes- und Bundesregierungen unmöglich zu machen«[189]. Daran sind auch Kräfte innerhalb von SPD und Grünen interessiert, denen eine möglichst schwache LINKE entgegenkommt. Die Konservativen wollen ihre Regierung fortschreiben. Als Koalitionspartner auf Bundesebene kommen für sie die SPD infrage, die FDP, falls sie sich erholt, und eventuell die Grünen. Einzig rot-rot-grün könnte – sofern es denn auf Basis einer echten politischen Alternative beruhen würde – derzeit die fortdauernde christdemokratische Dominanz und die machtpolitischen Ziele ihrer möglichen Koalitionspartner gefährden.

Sicherung der Hegemonie

Die – auch schmutzige – Diskreditierung linker Programmatik soll die Hegemonie über die öffentliche Meinung sichern; deshalb wird die breitest mögliche mediale Beteiligung an der Kampagne gegen links angestrebt. Der Politikwissenschaftler Egbert Scheunemann erläuterte dies sehr anschaulich: In Politik und Medien würde immer wieder mit Schadenfreude verkündet, dass die Wirtschafts- und Finanzkrisen sich nicht in zunehmenden Wählerstimmen für die Partei DIE LINKE niederschlagen. In diesem Triumph komme die neoliberale Hegemonie über das gesellschaftliche Bewusstsein zum Ausdruck, die keiner Medienzensur bedürfe. Sie habe »über das letzte viertel Jahrhundert allem Anschein nach eine allgemeine Wirkungsbreite und Wirkungs-

---

188 Uli Gellermann: EIN POLIT-MÄRCHEN. Vom Antisemitismus der Linkspartei, 20.6.2011, unter: www.rationalgalerie.de [11.12.2014].

189 Jacob Jung: Die Linke und der Antisemitismus. Die zweite Welle der Stigmatisierung einer Partei, in: der Freitag, 29.5.2011, unter: www.freitag.de [11.12.2014].

tiefe erreicht, deren Dimensionen noch nicht recht begriffen worden sind. Alle, mit wenigen Ausnahmen, sind mitgelaufen: Wirtschaftswissenschaftler, Politiker fast aller Parteien, Kapitalvertreter, Redakteure, Journalisten, Leitartikler, Talkshow-Moderatoren, Arbeitnehmer aus der New Economy und aus dem (nicht nur) oberen Einkommensdrittel – und selbst jene ›kleinen Leute‹, die dachten, sie müssten nur genügend viele T-Online-Aktien kaufen, um endlich ohne Arbeit und nur von Dividenden und Zinsen leben zu können wie ›die da oben‹ schon immer.« Diese Schadenfreude speist sich nach Scheunemann aus dem Triumph, dass sich die allgemeine Indoktrination in ihrer Wirksamkeit bestätigt sieht, obwohl sie von der Wirklichkeit widerlegt wird. Und er fragt: »Was hätten die Heerscharen von Mitläufern – ich würde sie auf mindestens 80 Prozent der Wahlbevölkerung schätzen – also machen sollen nach dem großen Kladderadatsch? Sich selbst bzw. die eigenen Vertreter – bislang Brüder und Schwestern im Geiste – abwählen? Gegen sich selbst protestieren? Den eigenen Lehrstuhl, Chefposten oder Redakteurssessel aufgeben? Öffentlich bekunden, dass man ein Dummkopf oder zumindest ein jämmerlicher Mitläufer war? Jene (wenigen) Linken wählen, die einem, wenn man ihnen denn überhaupt zuhörte, schon immer klar gemacht hatten, dass man ein Dummkopf und jämmerlicher Mitläufer war? ... So erklärt sich übrigens nebenbei, warum einem als Linkem, der den neoliberalen Weg in den Abgrund schon frühzeitig vorausgesagt, und jenen, die ihn beschritten, den Spiegel vorgehalten hat, eher Hass und Ablehnung entgegenschlägt als Dankbarkeit, Lob oder gar die Beförderung auf einflussreiche politische, wissenschaftliche oder mediale Beraterposten.«[190]

Instrument der Gleichschaltung
Mit drastischen Worten beschreibt Albrecht Müller in *NachDenkSeiten* Ziel und Zweck des Antisemitismus-Vorwurfs gegen links als »Gleich-

---

190 Egbert Scheunemann: Wir Mitläufer – oder warum die politische Linke nicht von der Wirtschaftskrise profitiert, 4.9.2009, unter: www.egbert-scheunemann.de [11.12.2014].

schaltung der Linken«[191] Das betrifft die Wirtschafts- und Sozialpolitik, die Außenpolitik – und nicht zuletzt die Demokratie. »Demokratie ist, was die Eliten darunter verstehen«, so lautet die Zustandsbeschreibung von Elitenforscher Michael Hartmann. Mit Bezug auf den britischen Soziologen und Politikwissenschaftler Colin Crouch fährt er fort: »Die gesamte Entwicklung entspricht in vielen Aspekten dem, was Crouch als die Annäherung an die Postdemokratie, den Gegenpol zum idealtypischen Modell der Demokratie bezeichnet. Er charakterisiert diese Form der politischen Herrschaft anhand dreier zentraler Merkmale. Wahlen würden zum ›reinen Spektakel‹. Die Mehrheit der Bürger spielt nur noch ›eine passive, schweigende, ja sogar apathische Rolle‹ und im Schatten dieser Inszenierung werde ›reale Politik‹ hinter verschlossenen Türen gemacht von gewählten Regierungen und Eliten, die vor allem die Interessen der Wirtschaft vertreten. Auf dem Weg dorthin sieht Crouch die meisten westlichen Industrieländer.«[192] Wenn man einmal davon ausgeht, dass an dieser Einschätzung des britischen Soziologen etwas dran sei und auch Deutschland sich auf dem Weg in eine derartige Postdemokratie befände, dann ist es immerhin denkbar, dass sich diejenigen, die hinter »verschlossenen Türen« die Interessenpolitik für »die Wirtschaft« aushecken, sich von einer im Parlament stark vertretenen Linken gestört fühlen, einer Linken, die Alternativen entwickelt, vorstellt, mit den Bürgerinnen und Bürgern diskutiert, deren Forderungen und Initiativen aufgreift und in die Öffentlichkeit bringt. Diese Art von Demokratie unterscheidet sich deutlich von einer »marktkonformen Demokratie« (Merkel)[193], jener Alternativlosigkeit aufgrund von – vermeintlichen – Sachzwängen, die dann »von der großen Mehrheit der Abgeordneten (inklusive denen der Oppositionsparteien SPD und Grüne) auch akzeptiert« werden.[194]

Hier siedelt Albrecht Müller den Grund für die Antisemitismus-Kampagne gegen links an. In der LINKEN gebe es, schreibt er, »mehr

---

191 Albrecht Müller, NachDenkSeiten, 21.6.2011, a. a. O.
192 Hartmann: Soziale Ungleichheit, a. a. O., S. 192.
193 Ebd., S. 189.
194 Ebd., S. 190.

als in anderen Parteien noch Kräfte ..., die sich der neoliberalen und militärpolitischen Gleichschaltung entziehen und erwehren. Ohne die Linke werden sich Grüne und Sozialdemokraten vollends ergeben. Wer eine Alternative zur herrschenden Lehre und Politik will, wer will, dass sich bei der SPD und den Grünen Widerstand gegen die Agenda 2010 und die Fortsetzung dieser falschen Linie regt, muss daran interessiert sein, die Linke in möglichst vielen Parlamenten vertreten zu sehen. Dagegen wird massiv mobilisiert nach dem Motto: Entweder: Ihr passt Euch an, oder: Ihr habt in den Parlamenten – und an der Regierungsmacht sowieso – nichts zu suchen.«[195] Demokratische, linke Alternativen zur herrschenden Politik könnten bei der Mehrheit der Bevölkerung durchaus auf fruchtbaren Boden fallen. Darauf macht Jakob Jung aufmerksam, wenn er schreibt: »Den Kapitalismus und seine Folgen zu kritisieren ist längst nicht mehr den Linken vorbehalten. Mehr Sozialstaatlichkeit und eine bessere Kontrolle von Banken und Konzernen zu fordern, ist gesellschaftlich opportun. Den Argumenten für die Einführung eines flächendeckenden Mindestlohns verschließen sich immer weniger Menschen. Die militärische Rolle der Bundeswehr in Afghanistan wird von weiten Teilen der Bevölkerung kritisch betrachtet und der gesellschaftliche Konsens über einen raschen Atomausstieg ist längst getroffen.« Deshalb sei es den Herrschenden umso wichtiger, DIE LINKE zu stigmatisieren: »So wie auch die Grünen im ersten Jahrzehnt ihres Bestehens von den damals etablierten Parteien als ideologisierte Spinner, regierungsunfähige Fantasten und wirklichkeitsfremde Wirrköpfe diffamiert und delegitimiert wurden, ergeht es seit ihrer Gründung auch der Linkspartei. Allerdings zeigt die größere und brutalere Entschiedenheit, mit der hierbei vorgegangen wird, die durch die fortgesetzte Beobachtung durch den Verfassungsschutz öffentlich suggerierte Gefährlichkeit der Partei und die Einbeziehung der kompletten Medienmaschinerie durch die politischen Gegner der LINKEN, wie stark sich die etablierten Parteien angesichts der stärker werden Präsenz der Linkspartei bedroht fühlen.«[196]

---

195 Albrecht Müller, NachDenkSeiten, 21.6.2011, a.a.O.
196 Jacob Jung: Die Linke und der Antisemitismus, a.a.O.

Legitimierung der Kriegspolitik

Deutschlands »Griff« nach neuer weltpolitischer Bedeutung schließt militärisches Engagement im Namen einer »neuen Verantwortung« ausdrücklich ein. Diese Veränderung vollzieht sich mit atemberaubender Geschwindigkeit und hat einen zusätzlichen Schub erhalten, seit Joachim Gauck Deutschland auf der Münchner Sicherheitskonferenz Ende Januar 2014 aufgefordert hat, die Rolle »des Drückbergers« abzuschütteln und die »Welt in eine ressourcenschonende Zukunft zu bringen«, in der sich »Freihandel auf Frieden und Warenaustausch auf Wohlstand reimt.«[197] Solche Thesen können nicht als wichtigtuerische Sprechblasen eines Bundespräsidenten abgetan werden, denn die Militärmaschinerie läuft – und dazu gehören nicht zuletzt Waffenlieferungen. Im August 2014 hatte die deutsche Rüstungsindustrie, sekundiert von Betriebsräten aus Rüstungsbetrieben, vor jedweder Beschränkung der Waffenexporte gewarnt. Nur zwei Monate später, am 3. September, beschloss die Bundesregierung, in das Pulverfass Irak 16.000 Sturmgewehre zu liefern, 8.000 alte G3 mit 2 Millionen Schuss und 8.000 moderne G36 mit doppelt so viel Schuss Munition, dazu 40 Maschinengewehre MG3 mit 1 Million Schuss sowie 8000 Pistolen P1 mit 1 Million Schuss. Dazu 500 Panzer-Abwehrraketen »Milan«, 200 leichte und 40 schwere Panzerfäuste mit 2500 bzw. 1000 Schuss, wie Wolfgang Blaschka in *Rationalgalerie* aufzählte. »Ein Volltreffer gegen das Kriegswaffen-Kontrollgesetz. Das Parlament nickt den Kabinettsbeschluss mit großkoalitionärer Mehrheit brav ab, gegen den Protest und Restverstand der LINKEN und einiger Grüner, als wäre es Business as usual.«[198]

---

197 Rede von Bundespräsident Joachim Gauck zur Eröffnung der 50. Münchner Sicherheitskonferenz am 31. Januar 2014, unter: www.bundespraesident.de [11.12.2014].

198 Wolfgang Blaschka: BLÖD erklärt V-Fall. Die Botschaft zum Antikriegstag. Rationalgalerie, 4.9.2014, unter: www.rationalgalerie.de [16.4.2014]. Blaschka weist hier auch auf andere »Merkwürdigkeiten« und Widersprüche hin: Ca. 70 Millionen Euro gingen durch diesen Beschluss an »die halbfeudalen Kurden-Clans im Nordirak, während die Kurden weiter

Angesichts von Mord und Vergewaltigung könnten wir nicht zur Seite schauen – was für das Afghanistan-Desaster herhalten musste, wurde jetzt für den Irak wiederbelebt. Der außenpolitische Sprecher der Bundestagsfraktion von Bündnis 90/Die Grünen, Omid Nouripour, erklärte, er glaube, »dass die deutsche Öffentlichkeit ein sehr feines Gespür ... für Notsituationen« habe – und »dass sie weiß, dass die Menschen dringend vor den IS-Schlächtern gerettet werden müssen«. Man könne nun »nicht immer alle unangenehmen Aufgaben komplett den USA überlassen«; daher solle »die deutsche Luftwaffe« sich am US-Einsatz gegen die Stützpunkte des IS beteiligen.[199] Wen immer Nouripour unter dem Begriff der »deutschen Öffentlichkeit« im Auge hatte, die Bevölkerungsmehrheit konnte er damit nicht gemeint haben. Die hatte Außenminister Steinmeier schon eher im Blick, als er Ende August 2014 vor der Berliner Botschafterkonferenz eine mangelnde Zustimmung in der Bevölkerung für eine offensive deutsche Weltpolitik monierte. Dabei wies er auf Ergebnisse einer Umfrage der Hamburger Körber-Stiftung hin, die vom Auswärtigen Amt in Auftrag gegeben worden war. Demnach seien nur 30 Prozent der Bevölkerung in Deutschland »offen dafür«, »dass unser Land mehr Verantwortung übernimmt«. Steinmeier konstatiert: »Hier tut sich eine eklatante Lücke auf – zwischen Bereitschaft und Erwartungen, die von außen an uns herangetragen werden«. Die Lücke könne man »nicht hinnehmen; diese Kluft müssen wir überbrücken«. Dazu hatte der Außenminister bald nach seinem neuerlichen Amtsantritt das Projekt »Review 2014«, angestoßen, um eine »offene, breite und differenzierte Debatte über Deutschlands Außenpolitik« mit dem Ziel zu führen, »mehr Verantwortung« mehrheitsfähig zu machen. Steinmeier: »Es geht in diesem Review um etwas Grundsätzliches. Es geht darum,

---

westlich vom NATO-Staat Türkei drangsaliert werden und die im syrischen Rojava von ebenjenen sunnitischen IS-Leuten akut bedroht sind, die die USA, die Türkei, Saudi-Arabien und Katar gerade freigiebigst mit Mordwerkzeug hochgepäppelt hatten gegen Assad.«

199 Grünen-Außenpolitiker Omid Nouripour zum Irak: »Deutsche Luftwaffe könnte den US-Einsatz unterstützen«, 13.8.2014, unter: www.spiegel.de [11.12.2014].

den Boden neu zu bestellen.«[200] Herausgekommen sind nach einem Jahr mit Fachgesprächen, Bürgerforen und innerministeriellen Beratungen zwar kaum mehr als Grundgedanken zur Umstrukturierung des Auswärtigen Amtes, aber Frank-Walter Steinmeier unterstreicht: Der Review-Prozess werde fortgesetzt, denn: »Außenpolitik muss zuhause fest verankert sein, um jenseits unserer Grenzen Gewicht und Wirkung zu entfalten.«[201]

Es ist Bestandteil regierungsoffizieller Initiativen dieser Art, eine Positiv-Werbung für »mehr Verantwortung« = mehr Konfliktlösungen mit Gewalt = tendenziell Militarismus mit einer Negativ-Werbung zu verbinden gegen die Kräfte, die, wie DIE LINKE, für politische Konfliktlösungen eintreten. Sie sollen als Ganzes diskreditiert werden, ihre Friedenspolitik, ihre unternationale Solidarität, ihre Kapitalismuskritik. Und dann wird auch noch ihre Kritik an der israelischen Palästina-Politik von interessierter Seite gegen DIE LINKE ins Feld geführt.

Kritik israelischer Palästina-Politik = Antiimperialismus = Antisemitismus?

Beispielhaft sei hier auf Anetta Kahane von der Amadeu-Antonio-Stiftung eingegangen. Sie hatte schon auf der UN-Konferenz gegen Rassismus im September 2001 im südafrikanischen Durban wahrgenommen, dass der »Antisemitismus, nicht nur in Bezug auf Israel ... bald die gesamte Debatte über Rassismus (bestimmte). In ihrem Mittelpunkt steht – damals wie heute – der Antiimperialismus, der vom neuen Antisemitismus praktisch nicht mehr zu trennen ist. Im Kern haben wir es einmal mehr mit dem alten Bild einer jüdischen Welt-

---

200 Schlussrede von Außenminister Frank-Walter Steinmeier anlässlich der Konferenz »Review 2014 – Außenpolitik Weiter Denken«, 20.5.2014, unter: www.auswaertiges-amt.de [16.4.2015].

201 Krise–Ordnung–Europa. Zur außenpolitischen Verortung und Verantwortung Deutschlands. Abschlussbericht Review 2014 von Frank-Walter Steinmeier, 25.2.2015, unter: www.auswaertiges-amt.de [16.4.2015].

verschwörung zu tun. Für Anhängerinnen und Anhänger des Antiimperialismus sind Israel und die USA – und alle Personen, die mit ihnen zu tun haben – zum Symbol des Bösen, des Krieges und der Unterdrückung geworden.«[202]

Was war in Durban geschehen? Die Nachkommen der Sklaven und kolonial unterdrückten Völker des Südens hatten lautstark und wütend Gerechtigkeit für ihre Toten verlangt und materielle Entschädigung gefordert und sie hatten die Palästinenser als Opfer von Rassismus bezeichnet. Allein das reicht der »diskursiven Hegemonie« als Beweis für die Gleichung Antiimperialismus/Antiimperialisten = Antisemitismus/Antisemiten.

Fatal wirkt sich aus, wenn Kritik an der Politik der israelischen Regierung gegenüber den Palästinensern gebrandmarkt wird als Antisemitismus, das Stichwort heißt: »Israelkritik«. Dann überlagert in der veröffentlichten Meinung die Kritik an der »Israelkritik« von vornherein die politische Kontroverse zur Sache. So geschehen im November 2014, als Mitglieder der Linksfraktion im Bundestag zwei israelkritische Journalisten zu einem Fachgespräch über den Gaza-Krieg eingeladen hatten, das dann eine ganz andere Wendung nahm als geplant, nicht zuletzt gegen Gregor Gysi. Wie zuvor und danach griffen prominente Linke den Antisemitismus-Vorwurf gegen eigene Genossinnen und Genossen auf, die Leitmedien schenkten ihnen bereitwillig Gehör und Raum. Uwe Kalbe kommentierte im *neuen deutschland*[203] diese inzwischen verfestigten Reflexe. Sein deprimierender Kommentar endet mit den Worten: »In der *taz* war eine Warnung an DIE LINKE zu lesen. Sie solle den Nahoststreit nicht zu politischer Identitätssuche missbrauchen und so deren ›erfolgreichen‹ Fortgang gefährden. Das scheint langfristig die reale Folge des Nahost-Konflikts für die Partei zu sein: die Versöhnung mit der politischen Klasse dieses Landes.

---

202 Anetta Kahane: Das Konzept Gruppenbezogene Menschenfeindlichkeit in der Praxis. Segen und Fluch der Komplexität, in: Heitmeyer, Deutsche Zustände, Bd. 10, a. a. O., S. 299.

203 Vgl. Uwe Kalbe: Ausgewogen sollt Ihr sein. Zu den Debatten über Antisemitismus, DIE LINKE und den angeblichen Antisemitismus in der LINKEN, in: neues deutschland, 23.7.2014.

Diese ist allerdings nicht die Mehrheitsgesellschaft, auf die sich DIE LINKE bisher beruft.«

Und das in einer Situation, in der nach israelischem Willen im Gaza-Konflikt möglicher Weise die »Deutschen als politische Führungsnation in Europa ... eine ganz entscheidende Rolle ... einnehmen« sollen. Entsprechend habe sich laut *German Foreign Policy (GFP)*[204] der israelische Außenminister geäußert. Gleichzeitig bereitete sich die Bundeswehr, das berichtete *Welt am Sonntag*[205] vom 10. August 2014, auf eine engere Zusammenarbeit mit den israelischen Streitkräften vor. Dazu der Inspektor des Heeres, Generalleutnant Bruno Kasdorf, laut *WamS* in einem Brief an den Vorsitzenden des Verteidigungsausschusses des Bundestages, Hans-Peter Bartels: »Das Heer strebt an, zeitnah israelische Ausbildungseinrichtungen zum ›Kampf im urbanen Gelände‹ (einschließlich Tunnelkampf)... zu nutzen.« Das betrifft 250 deutsche Soldaten. Diese Nachricht erreichte die Öffentlichkeit während des Gaza-Krieges, in dessen Operation »Protective Edge« (Schutzkante), so die *WamS* weiter, »die Zerstörung der Tunnel zwischen Gaza und Israel das wichtigste Einsatzziel« war.

»Unsre Herrn, wer sie auch seien, sehen unsre Zwietracht gern...«

Sie sehen unsre Zwietracht gern – und sie säen sie auch gern. Wann immer die Herrschenden Kampagnen gegen links inszeniert haben – etwa gegen die PDS als »Rote Socken« und SED-Nachfolgerin oder gegen angeblichen Antisemitismus der LINKEN –, sie haben sich zumeist an Äußerungen von Linken festhaken können, und seien solche Äußerungen noch so verzerrt, aus dem Zusammenhang gerissen, konstruiert und gefälscht. Nur so erzielten sie auch innerhalb der Linken »Erfolge«: Verwirrung, interne Auseinandersetzungen, Kämpfe,

---

204 Erfahrungen aus Gaza, unter www.german-foreign-policy.com, 26.8.2014 [16.4.2015].
205 Bundeswehr lernt Tunnelkampf, in: Welt am Sonntag, 10.8.2014.

Diffamierungen, Ausgrenzungen, Schwächung. So wird, ganz ohne ehrliche Auseinandersetzung, die gegenwärtige Antisemitismus-Kampagne (ihr können/werden weitere folgen) gegen DIE LINKE in die Partei hinein verlängert und für ganz andere Konflikte und Machtkämpfe instrumentalisiert. Die Geschichte linker Bewegungen ist immer auch eine Geschichte ihrer Subversion durch die Mächtigen, die sich von ihr in Frage gestellt oder gar bedroht sehen. Alle historischen Erfahrungen zeigen, dass Diffamierungskampagnen Wirkung erzielen, wenn innen und außen zusammenwirken, wenn sich (lang anhaltende) Medienkampagnen auf innere Zeugenschaft berufen können. »Erfolgreich« sind Kampagnen, wenn sie mitten ins Herz des politischen und moralischen Selbstverständnisses der LINKEN zielen (wie auf soziale Gerechtigkeit, Frieden – oder eben angeblichen Antisemitismus) und wenn sie geeignet sind, führende Repräsentanten der Linken politisch zu desavouieren, mundtot zu machen, und damit auch das linke Selbstbild zu zerstören. Verheerende Folgen können sie zeitigen in Phasen politischer Schwäche oder interner Konflikte und Machtkämpfe.

6. Kapitel
Blicke in die Geschichte

> *Große nationale Katastrophen*
> *haben in der Regel lange geschichtliche Wurzeln.*
> *Eine der wichtigsten Wurzeln*
> *der modernen Tragödie der Juden ist gegeben*
> *durch die Niederlage der Revolution von 1848.*
> Alfredo Bauer

Emanzipation – Assimilation

Karl Marx als Antisemiten zu bezeichnen oder zumindest – scheinheilig – zu fragen, ob er einer gewesen sei, gehört heute fast schon zum guten Ton.[206] Marx war kein Freund der jüdischen Religion, auch kein Freund des Christentums oder anderer Religionen. Für ihn galt: »Die Religion ist der Seufzer der bedrängten Kreatur, das Gemüth einer herzlosen Welt, wie sie der Geist geistloser Zustände ist. *Sie ist das Opium des Volks.* Die Aufhebung der Religion als des illusorischen Glücks des Volkes ist die Forderung seines wirklichen Glücks. Die

---

206 Eines von hunderten Beispielen: Elisabeth Niehaus schrieb in ihrem Artikel »Wo lechts und rinks sich treffen. Die Linke und AfD haben auf den ersten Blick wenig gemeinsam – doch beide haben ein Antisemitismus-Problem«, in: DIE ZEIT, 20.11.2014: »Die Geschichte antisemitischer Verirrungen ist lang. Selbst in Karl Marx Kapital gibt es judenfeindliche Passagen.« Die Nachfrage nach der Quelle blieb ohne Antwort. Verständlich. Denn im Kapital gibt es keine »judenfeindliche(n) Passagen«.

Forderung, die Illusionen über seinen Zustand aufzugeben, ist die Forderung, einen Zustand aufzugeben, der der Illusionen bedarf. Die Kritik der Religion ist also im Keim die Kritik des Jammertales, dessen Heiligenschein die Religion ist.«[207]

Zumeist werden zur Konstruktion des Anwurfs, Marx sei judenfeindlich, also antisemitisch gewesen, Formulierungen aus seinem Artikel *Zur Judenfrage* (Bemerkungen zu zwei Arbeiten von Bruno Bauer; Mitte Oktober bis Mitte Dezember 1843 geschrieben) herangezogen. Zu der Zeit wurde in Preußen heftig über die Emanzipation der Juden debattiert. An Arnold Ruge schrieb Marx am 13. März 1843: »Soeben kömmt der Vorsteher der hiesigen [Köln; W.G.] Israeliten zu mir und ersucht mich um eine Petition für die Juden an den Landtag und ich wills thun. So widerlich mir der israelitische Glauben ist, so scheint mir Bauers Ansicht doch zu abstrakt. Es gilt so viel Löcher in den christlichen Staat zu stossen als möglich und das Vernünftige, so viel an uns, einzuschmuggeln.«[208]

Wer die Äußerungen von Marx, wie es so häufig geschieht, aus dem Zusammenhang reißt, dem mögen sie antisemitisch erscheinen. Tatsächlich trat Marx in Wort und Tat für die völlig gleichberechtigte politische Emanzipation der Juden ein und setzte sie zudem in Beziehung zu einer revolutionären Befreiung der unterdrückten Menschheit. Neu ist ein solches unhistorisches Herangehen an Marx keineswegs. Schon 1944 spottete Bertolt Brecht (*Arbeitsjournal*, 18.12.44) nach einem Gespräch mit Adorno: »m[arx] soll auf die goebbels'sche unterscheidung zwischen dem schaffenden und dem raffenden kapital hereingefallen sein.«

Wie Heinrich Heine, der Konvertit und große Spötter, war auch Marx ein glühender Verfechter der Emanzipation der Juden, ihrer Befreiung aus geistiger und sozialer Enge, aus einer historisch gewachsenen, erzwungenen gesellschaftlichen Sonderstellung, die sie auf bestimmte Erwerbszweige beschränkte, die kulturelle und soziale Iso-

---

207 Karl Marx: Zur Kritik der Hegelschen Rechtsphilosophie, Einleitung, in: Marx/Engels Werke (MEW), Bd. 1, S. 378-391, hier: S. 378f..

208 Marx/Engels Gesamtausgabe (MEGA) 2 III/1, S. 45f.

lation beinhaltete, daher auch besondere Eigenarten förderte und sie zu *Sündenböcken* für alle erdenklichen Missstände prädestinierte. Wie Heine hatte sich Marx der Aufklärung, der Befreiung der Menschheit verschrieben: »Die Vernichtung des Glaubens an den Himmel hat nicht bloß eine moralische, sondern auch eine politische Wichtigkeit: die Massen tragen nicht mehr mit christlicher Geduld ihr irdisches Elend und lechzen nach Glückseligkeit auf Erden.«[209] Marx formulierte diesen Gedanken nicht weniger emphatisch: »Die Kritik der Religion endet mit der Lehre, dass der Mensch das höchste Wesen für den Menschen sei, also mit dem kategorischen Imperativ, alle Verhältnisse umzuwerfen, in denen der Mensch ein erniedrigtes, ein geknechtetes, ein verlassenes, ein verächtliches Wesen ist ...«[210]

Emanzipation und Assimilation – diese Begriffe kennzeichnen die Debatte um die Judenfrage im 19. Jahrhundert. Sie ging aus von der Rechtlosigkeit und Isolation der Juden, ihrer Sonderstellung, sozialen Absonderung, die aus dem Feudalismus rührte, der den Juden nur in der Zirkulationssphäre, als große und kleine Geldverleiher, Zinseintreiber und wandernde Kleinhändler einen Platz geboten hatte. In diesen wirtschaftlichen Bereichen mussten sie mit ihrer Erwerbstätigkeit Gewinn erzielen. Aus dem hebräischen Wort für Erwerb, Gewinn (so *wissen.de*) leitet sich der Schacher her. Die feudalen Verhältnisse waren indes von den bürgerlichen Gesellschaften Mitteleuropas weder gleichzeitig, noch auf gleiche Weise, noch in gleichem Umfang überwunden worden. Die bürgerliche Revolution in Frankreich erklärte 1791 Juden zu gleichberechtigten Staatsbürgern. In den deutschen Kleinstaaten hingegen zog sich der Emanzipationsprozess »vom Schutzjuden zum Staatsbürger über mehr als 80 Jahre bis 1871 hin, da Emanzipation als Belohnung für Anpassung verstanden wurde. Die Bemühungen um die gesellschaftliche Integration und um die Emanzipation der Juden unterlagen in Deutschland einem langwierigen Prozess und glichen einem ›Zickzackkurs‹ ... In Russland

---

209 Heinrich Heine: Briefe über Deutschland, in: ders.: Werke und Briefe, Bd. 7, Berlin/Weimar 1980, S. 307.

210 Karl Marx, Kritik Rechtsphilosophie, a. a. O., S. 385.

räumte erst die Februarrevolution von 1917 die alten Unfreiheiten beiseite.«[211]

Preußen eröffnete den Juden ab 1812 die schrittweise Integration in die Gesellschaft. Die war an Vorleistungen geknüpft: Die Verwendung der deutschen Sprache im Schriftverkehr, Annahme von Nachnamen, Verzicht auf besondere jüdische Merkmale in Haartracht und Bekleidung. Die Mehrzahl der deutschen Juden aber lebte in der ersten Hälfte des 19. Jahrhunderts noch in Dörfern und ihre Erwerbstätigkeit konzentrierte sich auf die des Händlers und Hausierers – in der jüdischen Eigenbezeichnung bzw. den Worten von Marx: Sie lebten vom Schacher. Sie waren rechtlos und aufgrund ihrer bis dahin erzwungenen religiös-kulturellen Absonderung blieben sie fremdartig. Das galt umso mehr noch für die ländlichen Juden in Russland. Als 1903 in Kischinew ein schrecklicher Pogrom wütete, fragte Karl Kautsky: »Wodurch kann diese Feindseligkeit überwunden werden? Am radikalsten dadurch, dass die den fremdartigen Charakter tragenden Bevölkerungsteile aufhören, Fremde zu sein, dass sie sich mit der Masse der Bevölkerung vermischen. Das ist schließlich die einzig mögliche Lösung der Judenfrage, und alles, was das Aufhören der jüdischen Abschließung fördern kann, ist zu unterstützen.«[212] Aus eben diesem Grund lehnten die Sozialisten den Zionismus, der in der zweiten Hälfte des 19. Jahrhunderts entstand, entschieden ab – als eine Form der Selbstisolation, die die »Abschließung des Judentums von der übrigen Bevölkerung« mehre (Kautsky).

Das Ziel war aber nicht Assimilation im Sinne von Anpassung an die christlich geprägte bürgerliche Gesellschaft. Und die politische Emanzipation, d.h. gleiche Rechte für Juden, hielten die Theoretiker der Arbeiterbewegung für einen notwendigen, aber nicht hinreichenden Schritt, weil sie in der bürgerlichen Gesellschaft zwangsläufig auf Schranken stieß. Sie hatten eine andere Emanzipation auf ihre Fah-

---

211 Fritz-Bauer-Institut, Stichwort der Monats: Emanzipation, unter: www.pz-ffm.de [11.12.2014]

212 Karl Kautsky: Das Massaker von Kischinew und die Judenfrage, 1903, unter: www.marxists.org [11.12.2014].

nen geschrieben: die menschliche Emanzipation; die Emanzipation der gesamten Gesellschaft von kapitalistischen Ausbeutungsverhältnissen. Daran sollten Juden aktiv teilnehmen. Ihre Selbstbefreiung beinhaltete nach Auffassung von Sozialisten auch die Selbstbefreiung von reaktionären religiösen Bindungen und Auffassungen und die Hinwendung zur Aufklärung, die viele städtische Juden auch vollzogen. Angesichts der starken Assimilierungstendenzen gerade der gebildeten Juden in den Städten schien es nur noch eine Frage der Zeit, dass sie, rechtlich gleichgestellt, in ihren jeweiligen Gesellschaften aufgingen. Ressentiments gegen Juden und Antisemitismus würden mit der Modernisierung des Kapitalismus zurückgehen und im Sozialismus als der Endphase eines normalen fortschrittlichen Prozesses vollständig verschwinden, so fasst der österreichisch-argentinischer Schriftsteller, Arzt und marxistischer Theoretiker Alfredo Bauer diese Denkungsart zusammen.[213] Die Geschichte folgte diesen optimistischen Erwartungen nicht. Gescheitert ist die Assimilation nicht an guten Gründen, viele Argumente ihrer Befürworter sind bis heute stichhaltig; gescheitert ist sie an der Wirklichkeit, dass der Antisemitismus nicht im rückständigen Russland, sondern im wirtschaftlich fortgeschrittenen Deutschland die verheerendste Rolle in seiner Geschichte spielen würde; dass die sozialistische Perspektive nicht eine von wenigen Jahrzehnten sein und dass auch im realen Sozialismus der Antisemitismus nicht einfach verschwinden sollte; und dass die Modernisierung des Kapitalismus noch viel weniger für dessen Verschwinden gesorgt hat – im Gegenteil.

Deutsche Arbeiterbewegung und Antisemitismus

Antisemitische Haltungen gab (und gibt es) auch in der deutschen Arbeiterbewegung, schließlich sind ihre Institutionen, ihre Funktionäre und Theoretiker, Mitglieder und Teil der Gesellschaft. Schon 1873, wenige Jahre nach der Gründung des Deutschen Reichs, hatte

---

213 Alfredo Bauer: Kritische Geschichte der Juden, Essen 2013, S. 413.

die *Große Depression* eingesetzt, eine Wirtschaftskrise, die bis 1896 andauerte. Das Sozialistengesetz (1878-1890) war die eine Antwort der Herrschenden, das Vordringen konservativer bis reaktionärer Ideen und Einstellungen, darunter der Antisemitismus, eine andere. Der Antisemitismus drang vor bis weit in die Mitte der Gesellschaft, in die Universitäten, wurde gesellschaftsfähig. Und die Kleinbürger schrieben ihre wirtschaftliche Misere einer jüdischen Konkurrenz zu, wie Alfredo Bauer ausführt: »So konnte das deutsche Kleinbürgertum, gezüchtigt von der durch das kapitalistische System hervorgerufenen Wirtschaftskrise, sich auf die Pseudolösung des Antisemitismus orientieren. Sobald der Antisemitismus eine Massenbasis besaß, wurde er zum wesentlichen strategischen Mittel des Großkapitals, um den antikapitalistischen Hass auf die Juden abzulenken und die Arbeitermassen irrezuführen.«[214] Der den religiösen ablösende *moderne*, rassistische Antisemitismus[215] entstand also im Kontext dieser ersten großen kapitalistischen Wirtschaftskrise, er erstarkte in der Weimarer Republik und steigerte sich auf das Extremste im Nazismus. Die 1879 gegründete Antisemitenliga und die Christlich-Soziale Arbeiterpartei eines Adolf Stoecker propagierten ihn offen. Weitere dezidiert antisemitische Parteien und Institutionen entstanden – so der Deutsche Volksverein, das Konservative Zentralkomitee, die Deutsch-Soziale Partei, der Deutschnationale Handlungsgehilfenverband und der Bund der Landwirte. 1891 wurde der Alldeutsche Verband gegründet, der eine Brücke schlug von der Forderung nach deutscher Weltherrschaft zum Antisemitismus und zur Verteufelung der Sozialdemokratie. Die Alldeutschen waren Vorläufer der Nazis.

Friedrich Engels erklärte 1890 in der *Arbeiter-Zeitung* die *Judenfrage* respektive den Antisemitismus als ein mit den Überresten des Feudalismus und der besonderen ökonomischen Stellung der Juden verbundenes Problem. Zeitgemäßer war für ihn eine andere Frage:

---

214 Ebd., S. 434.

215 Zu den einflussreichsten Vertretern des rassistischen Antisemitismus gehörten Arthur de Gobineau, Paul de Lagarde, Wilhelm Marr und Houston Stewart Chamberlain.

die der besonderen Ausbeutung der jüdischen Arbeiter, die »die am schlimmsten ausgebeuteten und allerelendesten« waren. »Wir haben hier in England in den letzten zwölf Monaten *drei* Streiks jüdischer Arbeiter gehabt, und da sollen wir Antisemitismus treiben als Kampf gegen das Kapital?« Und weiter: »Außerdem verdanken wir den Juden viel zu viel. Von Heine und Börne zu schweigen, war Marx von stockjüdischem Blut; Lassalle war Jude. Viele unserer besten Leute sind Juden. Mein Freund Victor Adler, der jetzt seine Hingebung für die Sache des Proletariats im Gefängnis in Wien abbüßt, Eduard Bernstein, der Redakteur des Londoner ›Sozialdemokrat‹, Paul Singer, einer unserer besten Reichstagsmänner – Leute, auf deren Freundschaft ich stolz bin, und alles Juden! Bin ich doch selbst von der ›Gartenlaube‹ zum Juden gemacht worden, und allerdings, wenn ich wählen müsste, dann lieber Jude als ›Herr von‹!«[216]

1893, auf dem Kölner Parteitag der Sozialdemokratischen Partei, hielt August Bebel das Grundsatzreferat *Antisemitismus und Sozialdemokratie*, das – obwohl es vom heutigen Standpunkt aus betrachtet manche Unklarheit und Stereotypen enthielt – den Versuch darstellte, innerhalb der Partei klare Positionen gegen den wachsenden Antisemitismus in der Gesellschaft zu entwickeln. Die Resolution des Parteitages stellte fest, dass die negativen Folgen der kapitalistischen Entwicklung den konkurrierenden Juden angelastet würden. Jedoch: »Der einseitige Kampf des Antisemitismus gegen das jüdische Ausbeutertum muss notwendig erfolglos sein, weil die Ausbeutung der Menschen durch den Menschen keine speziell jüdische, sondern eine der bürgerlichen Gesellschaft eigentümliche Erwerbsform ist, die erst mit dem Untergang der bürgerlichen Gesellschaft endigt.« Die Sozialdemokratie sei der entschiedenste Feind des Kapitalismus und werde deshalb ihren Kampf gegen diese Gesellschaftsordnung nicht durch »falsche und darum wirkungslos werdende Kämpfe gegen eine Erscheinung« zersplittern, »die mit der bürgerlichen Gesellschaft steht und fällt.« Der Antisemitismus habe

---

216 Friedrich Engels: Über den Antisemitismus (aus einem Brief nach Wien), MEW, Bd. 22, S. 49-51, hier: S. 50f.

einen reaktionären Charakter, wirke aber entgegen seinen Absichten »schließlich revolutionär«, weil »die von dem Antisemitismus gegen die jüdischen Kapitalisten aufgehetzten kleinbürgerlichen und kleinbäuerlichen Schichten zu der Erkenntnis kommen müssen, dass nicht bloß der jüdische Kapitalist, sondern die Kapitalistenklasse überhaupt ihr Feind ist und dass nur die Verwirklichung des Sozialismus sie aus ihrem Elende befreien kann.«[217] Dass der Antisemitismus »schließlich revolutionär« wirke – diese Fehleinschätzung mag als Beleg für die Fortschrittsgläubigkeit der damaligen Sozialisten begriffen werden, antisemitisch ist sie nicht. Für den sozialdemokratischen Politiker Eduard Bernstein gab es eine enge Verwandtschaft zwischen Antisozialismus und Antisemitismus. In einem Brief an Friedrich Engels warnte er auch vor der Unterschätzung des Antisemitismus durch die Sozialdemokratie. Selbst prominente jüdische Sozialdemokraten, so Bernstein, nähmen eine unklare, widersprüchliche Haltung gegenüber dem Antisemitismus ein. Als Beispiel führte er seinen jüdischen Freund Paul Singer an. »Es liegt da ein Konflikt mit seinem Gefühl vor, denn, im Grunde unglaublich, kränkt ihn, das habe ich bemerkt, der Antisemitismus und besonders der unter unseren ›Gebildeten‹ sehr; aus übertriebener Gewissenhaftigkeit glaubt er, selbst den Antisemiten und Staatssozialisten spielen zu müssen.«[218] Bei seinen proletarischen Wählern hingegen war Singer, Fabrikant und nach dem Sozialistengesetz Vorsitzender der sozialdemokratischen Reichstagsfraktion, außerordentlich beliebt. Der Kunsthistoriker Max Osborn berichtet von einer großen Arbeiterversammlung mit Paul Singer in Berlin: »Vom obersten Rang herab klang es plötzlich in den Raum mit einer unendlich zärtlichen Stimme:›Judenpaule! Judenpaule!‹ Die Massen horchten auf. ›Bravo Judenpaule!‹, ›Hoch Judenpaule‹ ... und bald schwoll es zu einem

---

217 Resolution des Kölner Parteitags der Sozialdemokratischen Partei Deutschlands, unter: http://de.wikipedia.org/wiki/Antisemitismus_und_Sozialdemokratie [11.12.2014].

218 Shlomo Na'aman: Die Judenfrage als Frage des Antisemitismus, in: Heid/ Paucker (Hg.): Juden und deutsche Arbeiterbewegung bis 1933, Tübingen 1992, S. 82 f.

Orkan.«[219] Der Gefeierte nahm »zuerst erstaunt und sprachlos, dann bis ins Innerste ergriffen, die eigenartige Huldigung entgegen.«

Im Unterschied zur Gesamtgesellschaft und den bürgerlichen Parteien war der Antisemitismus für SPD und KPD, die beiden großen Arbeiterparteien der Weimarer Republik, in keiner Weise prägend. Aber es gab Minderheiten, die mal mehr, mal weniger offen mit zweideutigen Äußerungen hervortraten. Clara Zetkin (KPD) warnte mit deutlichen Worten vor antisemitischen Randerscheinungen in der eigenen Partei bzw. bei deren – vorübergehend dominierenden – ultralinken Strömung in einem an den IX. Parteitag der KPD im März 1924 gerichteten Schreiben: »Die ›linke‹ Parteimehrheit vereinigt brüderlich reichlichst Kappisten, Syndikalisten, Antiparlamentarier, bei Lichte besehen – horribile dictu – sogar Reformisten und neuerdings – faschistische Antisemiten.«[220] Dies bestätigte ein Parteitags-Teilnehmer, als er sagte: »Wir haben vereinzelte antisemitische Unterströmungen in der Partei.« Vergleichbar war die Situation innerhalb der SPD. Ähnlich wie die Sozialdemokratie der Jahrhundertwende bewertete später auch noch die SPD, selbst in der Zeit des Faschismus, den Antisemitismus als missverstandenen Antikapitalismus. Dennoch: Beide Parteien waren weder von ihrer Programmatik noch von ihren grundsätzlichen Positionen her auch nur annähernd antisemitisch, worin sie sich von den meisten bürgerlichen Parteien prinzipiell unterschieden. Arnold Paucker und Ludger Heid schrieben in ihrem Vorwort zum Sammelband »Juden und deutsche Arbeiterbewegung bis 1933«, die in ihn aufgenommenen Untersuchungen wiesen die »Auffassung von einem der sozialistischen Bewegung immanenten Antisemitismus« als einseitig und unhaltbar zurück. Gerade die Arbeiterparteien hätten es noch am ehesten vermocht, »das ›antisemitische Erbe‹ der zu ihnen stoßenden proletarischen Unterschichten zu bewältigen.«[221]

---

219 Jahrbuch der Deutschen Akademie für Sprache und Dichtung 1999, Göttingen 2000, S. 92.

220 Mario Kessler: Sozialismus und Zionismus in Deutschland 1897-1933, in: Heid/Paucker, a. a. O., S. 99.

221 Heid/Paucker, a.a.O., S. VIII (Vorwort).

Verjudete Republik, verjudete Bolschewiken, verjudetes Berlin

Die Arbeiterparteien ihrerseits wurden von Nationalisten und Reaktionären mit dem Feindbild Juden in Verbindung gebracht. Tatsächlich waren in der SPD und später auch in der KPD überproportional viele jüdische Arbeiter und Intellektuelle – oft führend – tätig. Schließlich waren dies die einzigen Parteien, deren Programmatik und Praxis auf die vollständige Gleichstellung der Jüdinnen und Juden zielte und die jegliche Absonderung, wie auch immer sie begründet sei, ablehnten. Der unter Revolutionären relativ hohe Anteil von Jüdinnen und Juden galt für Deutschland wie weltweit, hatten sie doch im Wesentlichen nur drei Möglichkeiten, sich aus ihrer gesellschaftlichen Erniedrigung zu befreien: Sozialismus, Assimilierung oder eigenständiger *Judenstaat,* wie ihn Theodor Herzl in seinem gleichnamigen Buch 1896 begründete. Ende der 1920er Jahre wurde im fernen Osten der Sowjetunion der *Jüdische Autonome Oblast Birobidschan* als *jüdisch-sowjetisches Zion* gegründet, allerdings wurde es nie Heimstatt und Bezugsort für einen größeren Teil der sowjetischen Jüdinnen und Juden. Wer von den führenden Persönlichkeiten der Arbeiterparteien einen als jüdisch zu identifizierenden Namen trug, das wussten die Kampfblätter der Rechten und sie schrieben es, so etwa zu Rosa Luxemburg, Paul Levi, Karl Radek, den »Sendboten des jüdischen Bolschewismus«, die »dauernd die Massen zu Klassenkampf und Bürgerkrieg«[222] aufwiegelten. »Die Juden galten als Trägergruppe revolutionärer Unruhen schlechthin«, verallgemeinert ein Text aus dem *Lebendigen Museum Online.* »Auch die Weimarer Republik galt als von Grund auf jüdisch. Ihre führenden Repräsentanten wurden als ›jüdische Novemberverbrecher‹ diffamiert, die dem internationalem Judentum und dem westlichen Kapitalismus in die Hände spielten.«[223] Wegen ihres »zer-

---

222 Zitiert nach: Arnulf Scriba: Stichwort Antisemitismus (Lebendiges Museum Online), in: www.dhm.de/lemo/kapitel/weimarer-republik/antisemitismus.html [3.12.2014].

223 Ebd.

setzenden Intellektualismus« wurden jüdische Schriftsteller wie Lion Feuchtwanger, Kurt Tucholsky, Erich Mühsam, Ernst Toller oder Alfred Döblin angegriffen, auch Maler wie Max Liebermann oder Grafiker wie John Heartfield. Die Erfolge von Regisseuren wie Max Reinhardt, Ernst Lubitsch, Victor Barnowsky oder der Brüder Alfred und Fritz Rotter bildeten eine Angriffsfläche für rassistische Propaganda. Als *verjudet* galt Berlin, dort lebte etwa ein Drittel der deutschen Juden, in seiner avantgardistischen Kultur, seinen vergnügungssüchtigen Bars, den Tanzlokalen mit Swing und Jazz[224], seinen modernen Theatern, der lebendigen Szene in Literatur und bildender Kunst, die allzu bald vom völkischen Deutschtum verfolgt, in den Untergrund oder ins Ausland getrieben wurde.

Antijüdische Propaganda gegen links ging in der Weimarer Republik von Anfang an Hand in Hand mit rechter Gewalt und politischen Morden, so gegen Repräsentanten der Münchner Räterepublik (April – Mai 1919). Nach deren Niederschlagung wurden viele von ihnen von Standgerichten an Ort und Stelle oder kurz darauf nach Hochverratsprozessen zum Tode verurteilt und hingerichtet, so der Kommunist Eugen Leviné, oder aber gleich totgeschlagen, so der Anarchist Gustav Landauer. Vorangegangen war am 15. Januar 1919, der Mord an Rosa Luxemburg[225] und Karl Liebknecht; nur zwei Wochen vorher hatten sie die KPD mit gegründet. Ermordet wurden 1922 auch Walther Rathenau, der jüdische Reichsaußenminister, oder ein Jahr zuvor »der katholische ›Judengenosse‹, Matthias Erzberger, der als Unterzeichner des Waffenstillstands am 11. November 1918 wie kaum ein zweiter Politiker gehasst wurde.«[226]

Vor und während der Nazizeit war die feindselige Bezeichnung

---

224 Einen Eindruck davon gibt der Kriminalroman Martin Keune: Black Bottom, Berlin 2013.

225 Kurz vor ihrer Ermordung sei Rosa Luxemburg als Judenhure beschimpft und belästigt worden, berichtet Dirk Walter: Antisemitische Kriminalität und Gewalt. Judenfeindschaft in der Weimarer Republik, Bonn 1999, S. 23, zitiert nach http://de.wikipedia.org [16.4.2015], Artikel Antisemitismus (bis 1945).

226 Arnulf Scriba, a. a. O.

verjudet gleichzeitig Mordbefehl gegen Linke, Demokraten, Sozialisten und Kommunisten allemal, gegen Intellektuelle und Künstler.

Das Stigma *verjudet* hat 1945 nicht aufgehört zu existieren, es lebte auch nicht nur im Untergrund fort. Der bereits erwähnte Martin Hohmann, seines Zeichens MdB aus Fulda und von 1988 bis 2003 Mitglied der CDU/CSU-Bundestagsfraktion, hatte in seiner berühmt-berüchtigten *Tätervolk*-Rede die Juden »mit einer gewissen Berechtigung« als »Tätervolk« bezeichnet »im Hinblick auf die Millionen Toten« der ersten Phase der russischen Oktoberrevolution.[227] Als diese üble Entgleisung hoch kochte und bereits sein Ausschluss aus der CDU/CSU-Fraktion diskutiert wurde, der dann wenig später, im November 2003, erfolgte, lehnte er es noch in der ZDF-Sendung Frontal21 ab, sich zu entschuldigen. Das wäre ein Signal, »dass die Tatsachen nicht stimmen, die ich angeführt habe. Die Tatsachen sind aber richtig, Auch in der Geschichte des jüdischen Volkes gibt es dunkle Flecken. Ein solcher Fleck war die Beteiligung von vielen Juden an der bolschewistischen Revolution 1917.«[228] Der *verjudete Bolschewismus* wirft einen langen Schatten.

SPD und KPD zum Antisemitismus der Nazis 1933–45

Der Antisemitismus des zur Macht gelangten deutschen Faschismus hat die SPD-Führung zu opportunistischen Zugeständnissen gedrängt. Der in Deutschland verbliebene Teil der Führung schloss im Sommer 1933 kurz vor dem Parteiverbot die jüdischen Vorstandsmitglieder aus.[229] Der Exil-SPD erschien die starke jüdische Präsenz im Exil als sichtlich unangenehm und schädlich für die eigene Arbeit. So hat SPD-Vorstandsmitglied Wilhelm Sollmann intern erklärt, es diene nicht der Sache, dass von den fünfzig Mitgliedern von Willi Münzen-

---

227 zitiert nach http://de.wikipedia.org/wiki/Martin_Hohmann [16.4.2015].
228 Ebd.
229 David Bankier: Die deutsche Sozialdemokratie und der nationalsozialistische Antisemitismus, 1933-1938, S. 12, unter: www.kritiknetz.de [11.12.2014].

6. BLICKE IN DIE GESCHICHTE

bergs *Volksfront* in Paris die Hälfte Juden seien oder dass der jüdische Journalist Georg Bernhard im Kampf gegen Hitler so sehr hervortrete. Der frühere SPD-Politiker Fritz Naphtali schrieb in einem Brief an den späteren SPD-Parteivorsitzenden Erich Ollenhauer: »Denn seien wir doch ehrlich. Nicht nur Mitgliedschaft, sondern auch Bekleidung führender Stellen in der SPD und Antisemitismus haben sich nicht ausgeschlossen, dafür haben wir von März bis Juli [1933; W.G.] oben und unten in der Partei zu viele Beispiele erlebt, die mir schmerzlicher waren als die Schmähungen der Nazis.«[230] Aber diese Anpassung an den aggressiven antisemitischen Zeitgeist kann man nur in bösartiger Überinterpretation als genuin antisemitisch deuten.

Aus heutiger Sicht ist es schwer nachzuvollziehen, dass der wachsende Antisemitismus in der Weimarer Republik und insbesondere der Antisemitismus der NSDAP von den Linken und ihren Parteien derart unterschätzt wurden. Die Kommunisten sahen ihn als taktisches Manöver des Imperialismus an, um die von der Deklassierung bedrohten Mittelschichten zu desorientieren und für die wirklichen Ursachen ihrer Misere einen Sündenbock zu finden. Die Konsequenzen der Fehleinschätzung des Faschismus und seiner antisemitischen Stoßrichtung waren verheerend, aber nicht Ausdruck eines latenten oder manifesten Antisemitismus. Nach der Reichspogromnacht im November 1938 rief die illegale KPD in einer Erklärung zur Solidarität mit den verfolgten Juden auf: Die Pogrome seien kein »Ausbruch des Volkszornes« gewesen, sondern »von langer Hand vorbereitet, befohlen und organisiert allein von den nationalsozialistischen Führern.« Die Juden seien nicht Schuld am Elend des deutsche Volkes: »Es sind nicht die Juden, die durch eine fortgesetzte Politik der Gewalt und der erpresserischen Drohungen gegenüber den andern Ländern den Frieden gefährden und Deutschland in einen neuen Weltkrieg treiben. Es sind die Krupp, Thyssen, Mannesmann, Flick usw., die alten imperialistischen Verderber Deutschlands, die Kriegsgewinnler vom letzten Weltkrieg, die Inflationsgewinnler in der Republik, die Rüstungsgewinnler von heute, in deren Auftrag Hitler bereit ist, das

---

230 Ebd., S. 13.

deutsche Volk wieder in einem Krieg hinzuopfern.« Die KPD wandte sich an alle »Kommunisten, Sozialisten, Demokraten, Katholiken und Protestanten, ... alle anständigen und ehrbewussten Deutschen« mit dem Appell: »Helft unseren gequälten jüdischen Mitbürgern mit allen Mitteln! Isoliert mit einem Wall der eisigen Verachtung das Pogromistengesindel von unserem Volke! Klärt die Rückständigen und Irregeführten, besonders die missbrauchten Jugendlichen, die durch die nationalsozialistischen Methoden zur Bestialität erzogen werden sollen, über den wahren Sinn der Judenhetze auf!«[231]

Antisemitismus und Kalter Krieg

Die bedingungslose Kapitulation Nazi-Deutschlands 1945 und auch die Gründung des Staates Israel 1948 waren keine historischen Faktoren, die für sich genommen den im Bewusstsein vieler Deutscher tief verwurzelten Antisemitismus nachhaltig in Frage stellten. Es entstanden zwei Deutschlands mit entgegengesetzten Gesellschaftssystemen und daher auch unterschiedliche Entwicklungen und Ausprägungen des Antisemitismus. Für dieses Buch ist vor allem die Entwicklung in Westdeutschland/BRD von Interesse. Mit Roosevelts Tod im April 1945 zerbrach formell die Anti-Hitler-Koalition, der Kalte Krieg begann und Westdeutschland sollte in das westliche Bündnissystem integriert und dessen Vorposten am Eisernen Vorhang werden. Eine wesentliche Voraussetzung dafür war ein für die israelische Seite akzeptabler Ausgleich. Verhandlungen über die so genannte Wiedergutmachung begannen zwischen der Adenauer-Regierung, der Jewish Claims Conference[232] und Israel im Frühjahr 1952 und endeten im Herbst mit der Unterzeichnung des Luxemburger Abkommens, das als Eintrittskarte

---

231 www.dkp-online.de/uz/4045/s1502.htm [11.12.2014].
232 Die Conference on Jewish Material Claims Against Germany oder Jewish Claims Conference ist ein Zusammenschluss jüdischer Organisationen. 1951 gegründet, vertritt sie in den Wiedergutmachungsverhandlungen mit Deutschland die Interessen der außerhalb Israels lebenden Jüdinnen und Juden sowie ihren Erben.

der Bundesrepublik in das Westbündnis gilt. Diese Vereinbarungen waren möglich, obwohl Adenauer selbst, aber auch andere Regierungsmitglieder, insbesondere der schwer belastete Staatssekretär im Bundeskanzleramt Hans Globke – er hatte als Jurist den offiziellen Kommentar zu den Nürnberger Rassegesetzen von 1935 verfasst – von dezidiert antijüdischen und antisemitischen Vorurteilen nicht frei waren. Mit *Wiedergutmachung*, die angesichts 6 Millionen ermordeter Juden ohnehin undenkbar war, hatten diese Vereinbarungen nichts zu tun. Auf der Tagesordnung stand, so der Historiker Moshe Zuckermann, »die im Rahmen des ausgebrochenen Kalten Krieges zu befestigende Neuordnung der Welt und die mit dieser neuen Weltteilung einhergehende Ortsbestimmung Deutschlands«. Die Beziehungen zwischen der BRD und Israel charakterisierte er als »Beziehungen, die auf zweckrationalem Tausch basieren und objektiv vorherrschende Ressentiments, Misstrauen und Hass bewusst in Klammern setzen. ... Sie haben nichts mit Moral zu tun, sondern nur mit ihrer Ideologisierung und der Verdinglichung von Schuld, Schande und Scham durchs Tauschprinzip, das tendenziell alles austauschbar werden lässt.«[233]

Mit diesen »Austauschbeziehungen« wurde der Antisemitismus also offiziell »in Klammern gesetzt«, de facto tabuisiert, also nicht beseitigt. Dieser tabuisierte, aus der *bürgerlich anständigen* Öffentlichkeit verbannte Antisemitismus wirkte im nicht-öffentlichen Bereich, im Privaten, *dem Stammtisch* – eben im Alltagsbewusstsein – fort und konnte sich in den unterschiedlichsten Formen äußern: in der Leugnung des Holocaust oder bei der Relativierung der Nazi-Verbrechen an den Juden oder auch darin, die Legitimität des Staates Israel in Frage zu stellen, sowie in einer an israelischer Regierungspolitik geübten Kritik, die auf die Gesamtheit der Juden übertragen wurde. Trat dieser *verborgene* Antisemitismus jedoch an die Öffentlichkeit, beispielsweise mit der Schändung jüdischer Friedhöfe oder der Verbreitung antisemitischer Sprüche, oft verbunden mit Nazi-Symbolen,

---

233 Moshe Zuckermann: Verdinglichte Sühne. Von Interessen und Befindlichkeiten. Anmerkungen zu den deutsch-israelischen Beziehungen, in: junge Welt, 29.11.2008.

dann stammten die Akteure zumeist aus der extrem rechten, alt- und neonazistischen Szene: einer Minderheit, die sich gern gewaltbereiter Jugendlicher aus ausgegrenzten sozialen Milieus bediente. Bis heute haben sich jener *Stammtisch-Antisemitismus* einerseits und der gewaltbereite, extrem rechte und neonazistische Antisemitismus andererseits nicht stabil verknüpft. Ihre gemeinsame Quelle besteht darin, dass in den Nachkriegsjahrzehnten eine Auseinandersetzung mit dem deutschen Faschismus, seiner Ideologie, seiner Rassenlehre, seiner mörderischen Innen- und Außenpolitik, seinen Weltherrschaftsplänen und den gesellschaftlichen Kräften, in deren Interessen sie verfolgt wurden, weitestgehend unter den Tisch fiel. Diese notwendige Auseinandersetzung gegen das vorherrschende Bewusstsein wurde vornehmlich von den immer stärker isolierten und diskriminierten Kommunisten, Sozialisten am linken Rand der SPD und Pazifisten sowie den ehemaligen Widerstandskämpferinnen und -kämpfern in der Vereinigung der Verfolgten des Naziregimes (VVN) betrieben, bis die 68'er ihr eine größere Wirksamkeit verschaffen konnten.

Für die herrschende politische Elite war es zum Zwecke ihrer Rehabilitation offensichtlich ausreichend, die Auseinandersetzung mit dem Hitler-Faschismus auf dessen Völkermord an den Juden zu reduzieren und als Beweis ihres Umdenkens die Beziehungen zu Israel aufzunehmen und schrittweise zu verbessern. Das war insofern nützlich, als alle anderen Konsequenzen, die zunächst Teile der westdeutschen Bevölkerung aus dem Faschismus zu ziehen bereit waren, mit Nachdruck erschwert oder ganz verhindert werden konnten. So zum Beispiel: die Beseitigung des Nazismus und Militarismus, die Verhaftung und Aburteilung der NS-Kriegsverbrecher, die Entnazifizierung aller Teile der Gesellschaft, die Entflechtung der Industrie und Banken. Darauf hatten sich die Alliierten im Potsdamer Abkommen vom August 1945 noch geeinigt. Seit der späten Aufarbeitung der Geschichte des Auswärtigen Amtes[234] ist bekannt, wie lange die

---

234 Eckart Conze / Norbert Frei / Peter Hayes / Moshe Zimmermann: Das Amt und die Vergangenheit. Deutsche Diplomaten im Dritten Reich und in der Bundesrepublik, München 2010.

nicht erfolgte Entnazifizierung dort nachgewirkt hat – aber längst nicht nur dort. In allen Ministerien bestand eine starke Kontinuität zu den Vorgänger-Behörden. »Auffällig für den diplomatischen Dienst der frühen Bundesrepublik ist also nicht eine generelle Kontinuität zu den alten Reichsbehörden, sondern die unmittelbare Kontinuität zur Wilhelmstraße«, dem Sitz des Auswärtigen Amtes im Dritten Reich. Dies sollte sich erschwerend auf die Herstellung diplomatischer Beziehungen mit Israel auswirken. *Das Amt* schildert detailliert, wie schwierig es war, bei den ersten Kontaktaufnahmen seitens der Adenauer-Regierung nicht-belastete Diplomaten für die Verhandlungen über das Wiedergutmachungsabkommen und weitere Vereinbarungen zu finden. Das Referat V (Mittlerer und Naher Osten) war im Auswärtigen Amt die »einzige Abteilung mit einer nahezu ungebrochenen personellen Kontinuität«. Ihrem Abblocken ist es zu verdanken, dass die Aufnahme diplomatischer Beziehung mit Israel über viele Jahre, bis 1965, verzögert wurde.[235]

Die Verbesserung der Beziehungen mit dem Staat Israel wurde dann ideologisch begleitet von der Übernahme des verbindlichen Lehrsatzes, wonach Antizionismus gleich Antisemitismus sei. Judentum wurde mit Israel gleichgesetzt, über den durchaus noch lebendigen Antisemitismus wurde der Schleier eines offiziellen Philosemitismus gezogen.[236] »Nach einer enormen Anleihe für Israel erklärt Ben-Gurion das Adenauer-Globke-Regime für ›nazirein‹ und versieht die Integration der Bundeswehr in die NATO mit moralischer Reputation«, wie die Publizisten Eike Geisel und Mario Offenberg, schrieben, die sich schon früh kritisch mit dem Zionismus auseinander setzten.[237] So wurde die Gleichsetzung von Antizionismus mit Antisemitismus zu einer tragenden Säule der Restaurationsideologie: »Die Metamor-

---

235 Ebd., vgl. S. 570-582, hier: S. 492 und 574

236 Wie der Antisemitismus hält der Philosemitismus die Juden für etwas Besonderes. Im Gegensatz zum Antisemitismus zeichnet sich der Philosemitismus durch eine besondere (interessierte, mitfühlende) Hinwendung zu jüdischem Leben und jüdischer Kultur aus.

237 Wolfgang Gehrcke/Jutta von Freyberg/Harri Grünberg: Die deutsche Linke, der Zionismus und der Nahost-Konflikt, Köln 2009, S. 144 f.

phose vom Judenvernichter zum Philosemiten fiel der an der Aufrechterhaltung ihrer sozialen und Wiedererrichtung ihrer politischen Herrschaft interessierten westdeutschen Bourgeoisie leicht: Die vorübergehende Wiederbelebung der sog. Freien Marktwirtschaft fand in der ›kommunistischen Bedrohung aus dem Osten‹ erneut einen Gegner, der die Funktion des die gesamte Ordnung bedrohenden Feindes übernehmen konnte.«[238] Damit waren die Weichen gestellt: Der in der Nachkriegsgesellschaft weiterhin existierende reale Antisemitismus wurde tabuisiert, die NS-Herrschaft auf den Antisemitismus reduziert, die ökonomischen und militärischen Interessenvertreter mit ihren Weltherrschaftszielen umgepolt zu Kämpfern gegen den Kommunismus. Nicht angetastet wurden die alten Machtverhältnisse; Justiz, Militär, Verwaltung, Bildungs- oder Gesundheitswesen wurden so wenig *entnazifiziert* wie die Wirtschaftseliten. Die nicht-jüdischen Opfer der Dritten Reiches – die als »Untermenschen« verfolgten und ermordeten Angehörigen der slawischen Völker, die Sinti und Roma, die Opfer der SS- und Wehrmachtsmassaker in den besetzten Ländern, die politisch und religiös Verfolgten, die Opfer der Nazi-Eugenik, die Kriegsgefangenen und Zwangsarbeiterinnen und -arbeiter – sie alle kamen mit ihren berechtigten Ansprüchen auf Entschädigung unter die Räder des Restaurationsprozesses in der BRD, was z. T. bis in die jüngste Zeit andauert.

Die Gleichsetzung von Antizionismus und Antisemitismus hatte im Kalten Krieg auch den Vorteil, die realsozialistischen Staaten der Seite der Holocaust-Verbrecher zuschlagen zu können. Das galt vor allem, aber nicht nur, für die Sowjetunion, deren Schauprozesse in der Stalinära antizionistische bis hin zu antisemitischen Züge trugen. Auch die Totalitarismustheorie hat hier einen ihrer Ursprünge.

---

238 Ebd., S. 134.

> **Zionismus**
>
> Der Ende des 19. Jahrhunderts sich ausbreitende rassistische Antisemitismus, der sich gegen alle soziale Schichten der Juden richtete, wurde von einem Teil der europäischen Juden mit der Forderung nach einem eigenen Staat beantwortet, dem Zionismus, der sich auch als Nationalbewegung begriff. Während die Forderung nach einem eigenen Staat den verschiedenen zionistischen Gruppen gemeinsam war, unterschieden sie sich in den Inhalten beträchtlich – je nach Klassenzugehörigkeit. Noch stärker waren die Differenzen bei den Methoden, wie das Ziel eines eigenen Staates zu erreichen sei. Bereits im Prozess der Staatsgründung Israels betrieben rechte Zionisten eine Politik der gewaltsamen Landnahme und Vertreibung. Das erschwerte und zerstörte die Chance eines friedlichen Zusammenlebens in Gleichberechtigung mit der arabischen Bevölkerung Palästinas. Antizionisten richten heute vor allem ihre Kritik gegen diesen kolonialistischen Charakter der vorherrschenden israelischen Politik, die die Rechte der Palästinenser ignoriert.[1]
>
> ---
>
> 1 Dazu ausführlich: Gehrcke u. a.: Deutsche Linke, a. a. O., S. 31 ff., S. 108 ff.

Zu antisemitischen Aspekten des Antizionismus[239]

Die antisemitischen Züge, die im Antizionismus in der Stalinzeit existierten – beginnend mit dem großen Terror der Jahre 1936–1938 und, nach dem Zweiten Weltkrieg wieder von 1948 an, nachdem die Sowjetunion zuvor in der UNO dem Plan zugestimmt hatte, Palästina in einen jüdischen und einen arabisch-palästinensischen Staat zu teilen, bedürfen weiterer Forschungen. Eine wichtige Quelle ist u. a.

---

239 Dieses Unterkapitel lehnt sich stark an Gehrcke u. a., a. a. O., an.

Arno Lustigers *Rotbuch: Stalin und die Juden*[240], dem im Folgenden viele Details entnommen wurden. In der jungen Sowjetunion war die jüdische Religion wie alle anderen Religionen verfolgt und die Entfaltung ihrer traditionellen Kultur behindert worden. Mit vielen Marxisten seiner Zeit war Lenin der Überzeugung, dass Religionen ein Hort geistiger Unfreiheit seien. Indem die jüdische Religion die vollständige Assimilation der Juden im Sozialismus behindere, trage sie für das Fortbestehen antisemitischer Vorurteile Mitverantwortung. Die säkularisierte und kommunistisch inspirierte jiddische Kultur und Kunst erlebte indessen eine neue, wenn auch kurze Blüte: in Theater, Literatur, Buchproduktion und Malerei. Juden erlangten das Recht auf ihre Muttersprache in den Schulen, den Verwaltungen und vor Gericht. Dem Stalinschen Terror der 30er Jahre fielen zwar auch zahlreiche Juden zum Opfer, doch diese Verfolgungen waren nicht antisemitisch begründet, schreibt Arno Lustiger: »Der stalinistische Terror vor 1939 folgte ganz anderen Gesetzen als die Judenverfolgungen in Deutschland zur selben Zeit. Hunderttausende Sowjetbürger gerieten in die Fänge des NKWD, weil ihre Verwandten im Ausland lebten, weil sie in den zwanziger Jahren Westeuropa bereisten oder im Spanischen Bürgerkrieg gekämpft hatten oder sich vor der Revolution in anderen Parteien (›Bund‹ oder Zionisten) organisiert hatten.« Doch diese Gründe trafen in besonders hohem Maße auf die Juden zu. Und so wurden insbesondere sie des *Bundismus, des jüdischen Nationalismus* oder *Zionismus* verdächtigt. Das Risiko, *trotzkistischer* Abweichungen oder ähnlicher »Verfehlungen« bezichtigt zu werden, traf sie in besonderem Maß.

Während der Kriegsjahre kam es zu einer möglicherweise taktisch motivierten Entspannung. Dem 1941 gegründeten Jüdischen Antifaschistischen Komitee (JAFK) war von Stalin die Aufgabe zugedacht, weltweit für die Unterstützung der Sowjetunion im Kampf gegen Hitlerdeutschland zu werben. In der Sowjetunion konnte sich eigenständiges jüdisches Leben erneut entfalten; das antifaschistisch-jüdische Komitee gewann weltweite Bedeutung. Doch alle seine Aktivitäten

---

240 Arno Lustiger: Rotbuch. Stalin und die Juden, Berlin 1998.

und die seiner einzelnen Führungsmitglieder waren den politischen Interessen der Regierung untergeordnet und standen unter Kontrolle und Beobachtung durch den sowjetischen Geheimdienst. Nach 1945 war die UdSSR als Veto-Macht im UNO-Sicherheitsrat wesentlich an der Gründung des Staates Israel beteiligt – wobei der, so sein offizieller Name, *UNO-Teilungsplan für Palästina* die zeitgleiche Gründung von Israel und Palästina als zweier unabhängiger Staaten vorsah. Wenige Stunden nach der Unabhängigkeitserklärung und Gründung am 14. Mai 1948 wurde Israel von den USA und der Sowjetunion diplomatisch anerkannt – und mehr noch: Es war die Sowjetunion, die mit Waffenlieferungen über die Tschechoslowakei den gerade erst gegründeten israelischen Staat so aufrüstete, dass der erste israelische Krieg gegen verschiedene arabische Staaten militärisch zugunsten Israels ausging. Die Gründung des Staates Israel löste unter den Juden der Sowjetunion eine regelrechte Euphorie, pro-israelische Erklärungen und öffentliche Sympathiekundgebungen aus. Doch von der zweiten Jahreshälfte 1948 an kam es zu einer gravierenden Kursänderung in der Stalinschen Politik gegenüber Israel und den Juden. In der Sowjetunion wurde nun eine antizionistische und z. T. auch antisemitische Kampagne in Gang gesetzt – im Zeichen des Kampfes gegen den *Kosmopolitismus*, der als Feind des proletarischen Internationalismus betrachtet wurde. Verstärkt wurde diese Kampagne im Zusammenhang der sogenannten *Ärzteverschwörung*. Jüdische Ärzte wurden aufgrund von Falschaussagen beschuldigt, führende Staats- und Regierungsvertreter absichtlich falsch behandelt zu haben. Es kam zu Massenentlassungen von Juden aus der Armee, aus den Zeitungen, aus Kunst und Kultur, Wissenschaft und Wirtschaft. Als Stalin 1953 starb, fiel der *Ärzteprozess* – von den beschuldigten *Mörder-Ärzten* waren sechs Juden – letztlich aus. Aber noch der Schauprozess gegen 15 Mitglieder des Jüdischen Antifaschistischen Komitees vom Mai bis Juli 1952 endete mit dem Todesurteil gegen 13 Angeklagte. In Schauprozessen nach 1945 spielten der Vorwurf des Zionismus, kosmopolitischer Ambitionen, Westemigration und vor allen Dingen Verbindungen zu den antifaschistischen US-Bürgern Noel und Hermann Field, denen völlig haltlos vorgeworfen wurde, ein internationales antisowjetisches

Netzwerk aufgebaut zu haben, eine erhebliche Rolle. Opfer derartiger Schauprozesse wurden in ihren Ländern mit unterschiedlichen Anklagen u. a. Rudolf Slánský, Generalsekretär der KP der Tschechoslowakei, Ana Pauker, Generalsekretär der KP Rumäniens, Laslo Rajk in Ungarn oder Trajtscho Kostow, der mit Georgi Dimitroff zusammen die KP Bulgariens gegründet hatte. In Polen wurde Wladyslaw Gomulka aus seiner Spitzenposition in der KP für mehrere Jahre ins Gefängnis gebracht. Auch in der DDR wurden die abgesetzten Politbüromitglieder Paul Merker und Franz Dahlem ihrer Westemigration und der Verbindung zu Noel Field beschuldigt. Paul Merker hatte sich für die Entschädigung der von den Nazis beraubten Juden durch die DDR ausgesprochen und den aus der Emigration zurückgekehrten Juden empfohlen, den jüdischen Gemeinden beizutreten. Er wurde bezichtigt, »ein Subjekt der USA-Finanzoligarchie zu sein«, der die Entschädigung nur deshalb fordere, um »dem USA-Finanzkapital das Eindringen in Deutschland« zu ermöglichen.[241] Zu einem Schauprozess kam es allerdings in der DDR nicht. Paul Merker wurde 1950 aus der SED ausgeschlossen, 1955 zu acht Jahren Zuchthaus verurteilt, nach dem XX. Parteitag der KPdSU aus der Haft entlassen und 1958 rehabilitiert. Auch in kommunistischen Parteien Westeuropas fanden Verfolgungen, sogenannte: Parteisäuberungen, statt, unter deren Opfern sich viele jüdische Kommunisten und Kommunistinnen befanden. Diese Politik war von antizionistischer Polemik begleitet.

Gleichzeitig ist für sehr viele Überlebende des Holocausts die Rettung vor dem Tod mit dem Namen Stalins verbunden. Es war die Rote Armee, die Auschwitz und schon zuvor Majdanek befreite und insgesamt den entscheidenden Anteil daran hatte, Hitlers Wehrmacht zu schlagen und zur Kapitulation zu zwingen, auch wenn das heute insbesondere in Polen und der Kiewer Ukraine geleugnet wird. Arno Lustiger kommt in seinem *Rotbuch* zu dem Urteil: »Nachdem wir uns in diesem Buch ausführlich mit den an den sowjetischen Juden von Stalin und seinen Nachfolgern begangenen Verfolgungen und Verbrechen beschäftigt haben, ist es unerlässlich, der Millionen sowjeti-

---

241 Gehrcke u. a.: Deutsche Linke, a. a. O., S. 123.

scher Soldaten zu gedenken, die im Kampf gegen Hitlerdeutschland gefallen sind oder in der Gefangenschaft ermordet wurden. Ohne ihr Opfer wäre die Welt verloren; sie haben uns vor der Herrschaft des mörderischen Nazismus gerettet. Die weltweite Ost-West-Auseinandersetzung, der Kalte Krieg mit seinem Wettrüsten, hat zu ideologischen Verhärtungen und ökonomischen Problemen beigetragen, die sich auf das Verhältnis zu den Juden und zu Israel niederschlagen. Auf beiden Seiten.«

Exkurs: Hakenkreuz-Schmierer: »Personen aus kommunistischen Kreisen«?

Wer hierzulande Kommunisten
als Täter hinstellt,
findet allemal Glauben.
Günther Nollau

Die Diffamierung bis strafrechtliche Verfolgung Linker als Antisemiten ist keine neue Erscheinung in der Bundesrepublik Deutschland. Im Kalten Krieg scheute sich der Bundesnachrichtendienst nicht, entsprechende Lügen in die Welt zu setzen – »und ein Teil der damaligen Regierungsmitglieder unterstützte ihn dabei,«[242] so Günther Nollau, einst Präsident des Bundesamtes für Verfassungsschutz, in seinen Memoiren. Und sie taten dies, obwohl weder der Polizei noch dem Verfassungsschutz glaubwürdige Informationen vorlagen: »Meine Organisation hatte in der KPD Dutzende von geheimen Vertrauensleuten. Ich ließ alle befragen. Keiner kannte Anweisungen der Partei, Hakenkreuze zu malen.«[243] Die Justiz beteiligte sich an dem üblen Spiel, das die antifaschistische Reputation wie die berufliche Existenz der Betroffenen gefährdete.

---

242 Günther Nollau: Das Amt. 50 Jahre Zeuge der Geschichte, München 1978, S. 198
243 Ebd.

Beispiel: der Bauschreiner Helmut Klier, ehemals Mitglied der 1956 verbotenen Kommunistischen Partei Deutschlands. Er wurde unter der Anschuldigung, in der Nacht vom 16. auf den 17. Januar 1959 Hakenkreuze an die Synagoge in Düsseldorf geschmiert zu haben, nur wenige Stunden nach Entdeckung der Tat festgenommen. Was die Düsseldorfer Kripo so rasch auf die Spur zu dem jungen Kommunisten Klier gebracht hatte, schilderte ein Beamter des 14. Kommissariats – nach Angaben der *Frankfurter Rundschau* vom 16. Februar 1959 – später am Tatort so: »Vor sieben bis zehn Tagen haben wir von zentraler Stelle den Hinweis bekommen, dass in der Sowjetzone Agenten für antisemitische Sabotageakte ausgebildet wurden und in Richtung Bundesrepublik in Marsch gesetzt werden.« Da Helmut Klier als einer der aktivsten Kommunisten Düsseldorfs bekannt gewesen sei, habe die Polizei ihn sofort im Visier gehabt. Der Journalist Peter Baumüller war diesem Fall nachgegangen. Das Ergebnis seiner Recherche: Dass die Polizei sich nicht genötigt sah, den richtigen Spuren nachzugehen, nachdem die Hausdurchsuchung bei Helmut Klier erfolglos war, dass der Düsseldorfer Oberstaatsanwalt in der Öffentlichkeit eine Vorverurteilung Kliers vornahm, dass der oder die wirklichen Täter nie gefunden wurden, erstaune nicht angesichts der Tatsache, dass die Version vom kommunistischen Hintergrund der antisemitischen Exzesse in der westdeutschen Bundesrepublik vom damaligen Bundeskanzler Konrad Adenauer (CDU) ebenso wie vom Innenminister Nordrhein-Westfalens Hermann Dufhues (CDU) in der westdeutschen wie der internationalen Öffentlichkeit propagiert wurde. So habe Adenauer gegenüber der BBC erklärt, »dass die Kommunisten für alle antisemitischen Ausschreitungen in der Bundesrepublik verantwortlich seien, weil nur sie ein Interesse an solchen Vorfällen hätten.«[244]

Das Verfahren wegen Hakenkreuzschmierereien musste am 6. November 1959 eingestellt werden. Aber der Haftbefehl blieb. Klier wurde Anfang 1960 wegen verbotener Ostkontakte doch noch vor Gericht gestellt. Zusammen mit Heinrich Conrads wurde er der Fort-

---

244 Peter Baumöller: Der »Rock von Klier« – oder: Wie der BND falsche Spuren legte, in: Deutsche Volkszeitung, Nr. 44, 1.11.1979.

führung der Bestrebungen und Ziele der KPD beschuldigt, der Teilnahme an Geheimverbindungen, der Rädelsführerschaft bei einer verfassungsfeindlichen Vereinigung und der Agententätigkeit für diese Vereinigung.[245] Zwar mussten die Angeklagten freigesprochen werden; doch die herrschende Klasse ist rachsüchtig. Der gefährliche Staatsfeind Klier, der mit einer Falkengruppe in die DDR gefahren war, der weitere *Ostkontakte* pflegte und eine Broschüre zu den Hakenkreuzschmierereien herausgegeben hatte, wurde 1962 erneut verhaftet, im folgenden Jahr vor Gericht gestellt und zu 16 Monaten Haft verurteilt. Das aktive und passive Wahlrecht wurde ihm für drei Jahre aberkannt, Polizeiaufsicht für zulässig erklärt.[246]

In der Art, wie Hakenkreuzschmierereien ausgerechnet Kommunisten angelastet wurden, sah sich Albert Norden, Sohn eines Rabbiners und Mitglied des Politbüros des ZK der SED, wie er in einem Brief an den Schriftsteller Arnold Zweig schrieb, an den Fall Dreyfuß erinnert.»Die Sache wächst sich immer mehr zu einem politischen Skandal erster Ordnung aus, da wir jetzt Beweise in der Hand haben, dass die Adenauer-Regierung der politischen Kriminalpolizei Anweisung gegeben hat, die antisemitischen Aktionen in Westdeutschland den Kommunisten in die Schuhe zu schieben.«[247] Nach dem ersten gescheiterten Verfahren gab es für Helmut Klier keine Entschuldigung, keine Haftentschädigung für 18 Wochen Untersuchungshaft. Keine Entschuldigung gab es auch für seine Angehörigen die monatelang unter dem Makel leiden mussten, mit einem Synagogenschänder in Verbindung zu stehen. Klier ist eines der 7.000 bis 10.000 »vergessenen Justizopfer(n) des Kalten Krieges.«[248] »In die Schuhe

---

245 Düsseldorfer Nachrichten, 5.2.1960.

246 Neue Rhein Zeitung (NRZ), 28.3.1963.

247 Die Beweise, die der DDR vorlagen, werden in der Biografie über den jüdischen Kommunisten und Journalisten Albert Norden nicht näher bezeichnet. Vgl. Norbert Podewin: Albert Norden. Der Rabbinersohn im Politbüro, Berlin 2003, S. 312.

248 Rolf Gössner: Die vergessenen Justizopfer des Kalten Krieges. Über den unterschiedlichen Umgang mit der deutschen Geschichte in Ost und West. Hamburg 1994, S. 118.

geschoben« wurden die antisemitischen Aktionen dem Hauptfeind Nummer eins jener Jahre: Kommunistinnen, Kommunisten und dem Kommunismus, einzig und allein aus politischem Interesse. So wurde das Stigma des Antisemitismus Teil der ideologischen Kriegführung im Kalten Krieg und legitimierte zugleich auch das Verbot der Kommunistischen Partei, das in westeuropäischen Demokratien einmalig war.

Zwischen 1951 bis 1968 gab es etwa 150.000 bis 200.000 Ermittlungsverfahren, die sich fast ausschließlich gegen Linke richteten. Verurteilungen konnten zu mehrjährigen Gefängnis- und Zuchthausstrafen und hohen Geldstrafen führen. Darüber hinaus bedeuteten solche Verfahren für viele Menschen eine existentielle Bedrohung, wie Rentenverlust, Passentzug, Untersuchungshaft sowie den Verlust des Arbeitsplatzes und Berufsverbot.[249]

Zwanzig Jahre später, die Neonazis »werden immer dreister«, wie die *Welt der Arbeit* (4.10.1979) schrieb, zog der bayerische Ministerpräsident Franz Josef Strauß (CSU) die gleiche Karte wie vor ihm Adenauer. Vom rechtsradikalen *Deutschland-Magazin* nach Einschätzung der »aufgebauschten Publizität um ein angebliches Wiederaufleben des Rechtsradikalismus in Deutschland« befragt, sagte Strauß: »Das System, nach dem hier vorgegangen wird, ist ebenso einfach wie brutal: der KGB oder andere kommunistische Geheimdienste veranlassen – wie inzwischen unwiderlegbar bewiesen ist – Hakenkreuzschmierereien auf jüdischen Friedhöfen bei uns. DKP und SED schulen Subversanten, die rechtsradikale Miniorganisationen gründen und mit stupiden neonazistischen Sprüchen für weiterhin sichtbares öffentliches Ärgernis sorgen. Auch das ist bis in die letzte Einzelheit bewiesen.«[250]

Bewiesen wurde gar nichts, weder von Strauß noch von Adenauer. Zu deren Quelle verwies der Journalist Peter Baumöller auf

---

249 www.trend.infopartisan.net/trd0107/t170107.html [16.4.2015].

250 Zitiert nach: Personalien – Franz Josef Strauß: Der Spiegel, 17/1980, unter: http://magazin.spiegel.de/EpubDelivery/spiegel/pdf/14328995 [3.12.2014].

6. BLICKE IN DIE GESCHICHTE

die Zeugenschaft[251] des Verfassungsschützers Günther Nollau: »Inspiriert wurde der damalige Bundeskanzler, wie man heute weiß, vom Bundesnachrichtendienst (BND) unter General Gehlen, der schon Hitler seine Dienste erwies.«[252] Franz Josef Strauß hat sich jeder justiziablen Befragung entzogen. Doch die angeblich »bis in die letzte Einzelheit« bewiesenen demagogischen Behauptungen finden heute ihre Fortsetzung.

---

251 Günther Nollau: Das Amt. 50 Jahre Zeuge der Geschichte, a. a. O.
252 Peter Baumüller, a. a. O.

Schlusswort

Antisemitismus-Vorwurf: Was tun?

Linke setzen sich entschieden und unnachgiebig mit Antisemitismus auseinander, um ihn zurückzudrängen. Antisemitismus ist eine reale Gefahr in den europäischen Gesellschaften, auch in Deutschland, und ihm muss beständig entgegengetreten werden. Das ist ein Kampf gegen antisemitische Auffassungen, Einstellungen oder Handlungen. Fest gefügte rassistische oder antisemitische Meinungen sind häufig mit Leidenschaften wie Hass, Neid, Aggression, Zerstörungswut verknüpft. Brandgefährlich wird es, wenn dieser Rassismus oder Antisemitismus politisch gebündelt und genutzt wird; wenn der Rassismus von oben sich mit dem von unten verbündet, sich seiner bedient, um so Wut, Hass, Aggression bei denen da unten zu steuern und zu manipulieren. Dabei können die politischen oder ökonomischen Eliten selbst antisemitische Haltungen haben, sie müssen es aber nicht. Sie müssen nur davon ausgehen, dass die Mobilisierung von Antisemitismus oder Rassismus ihren Herrschaftsinteressen nützt. Jede Auseinandersetzung von Linken mit Rassismus und Antisemitismus heute muss deshalb genau unterscheiden zwischen einer Praxis *von oben* und einer Praxis *von unten*, denn Rassismus und Unterdrückung sind geradezu Zwillinge. Mit Rassismus kann zum einen »das Unrecht eines Unterdrückers gegenüber dem Unterdrückten«[253] begründet werden; Rassismus kann zum anderen den Unterdrückten an sei-

---

253 Albert Memmi, a. a. O., S. 60 ff., 174 f., 198 ff.

nen Unterdrücker binden, wenn es Letzterem gelingt, dem Unterdrückten ein eigenes Objekt von Unterdrückung als Kompensation anzubieten.[254]

Wenn erst einmal die nach außen projizierten, eigenen Schattenseiten zum *inneren Feind* einer Gesellschaft geworden sind, lässt dieser sich von den Herrschenden gut als *Sündenbock* nutzen: für eigenes Versagen ebenso wie für gesellschaftliche Missstände. Die dem Feind entgegengebrachten feindseligen Gefühle können sich in widerwärtigen Hasstiraden äußern, wie wir sie aus dem *Stürmer* der Nazi-Propaganda kennen. In der weniger offenen Form bilden sie den unbewussten Subtext von Äußerungen über Juden und Israel. Sie finden unbewussten oder bewussten Eingang in abwertendes, diskriminierendes Verhalten und in aggressive Taten »gegen eine stigmatisierte Minderheit, als kollektive Raserei gegen Fremde bis hin zum organisierten und geplanten Völkermord«.[255]

Das Existenzrecht Israels hat DIE LINKE nie infrage gestellt. Sie beharrt auf der Universalität und Unteilbarkeit der Völker- und Menschenrechte, das schließt das Recht ein, die israelische Okkupation palästinensischer Gebiete oder Kriegshandlungen gegen die palästinensische Zivilbevölkerung zu kritisieren. Für DIE LINKE verbietet sich dabei aber jegliche Gleichsetzung von israelischer Regierungspolitik mit der Politik der Nazis – und sei es nur in Teilaspekten. Denn auch dann stimmt sie nicht. Ein Beispiel: Es gibt Vergleiche der israelischen Kriegsführung in Gaza mit derjenigen der faschistischen Wehrmacht in der Sowjetunion, die auf Gleichsetzung hinauslaufen. Die Kriegsführung der israelischen Armee gegen Gaza ist völkerrechtswidrig, weil unverhältnismäßig, weil sie schützenswerte Personen nicht schützt, v. a. Frauen und Kinder, nicht medizinisches Personal, all das sieht das IV. Genfer Abkommen von 1949 vor, es verbietet auch Entführungen und Vergeltungsaktionen. Nun hat Israel weder vor noch nach dem Sechstagekrieg 1967 und

---

254 Ders., a. a. O., S. 110 ff.

255 Wolfgang Benz: Die Feinde aus dem Morgenland. Wie die Angst vor Muslimen unsere Demokratie gefährdet, München 2012, S. 28.

der Besetzung des Westjordanlands und Gazas das Genfer Abkommen unterzeichnet, das ändert nichts daran, dass dessen Regelwerk internationales Recht setzt. Verachtenswert ist zudem die Bombardierung Gazas, weil die Bevölkerung in einem der am dichtest besiedelten Flecken Erde nicht fliehen und sich nicht anderweitig in Schutz bringen kann. Israels Krieg gegen Gaza ist ein schmutziger Krieg – aber er hat nicht denselben Charakter wie ein rassistischer Vernichtungskrieg gegen *die slawischen* oder, hypothetisch auf den Gaza-Krieg übertragen: *palästinensischen, arabischen Untermenschen,* wie es der faschistische Krieg gegen die Sowjetunion und die slawischen Völker hatte. Es kommt vor, dass humanitär oder völkerrechtlich begründete Kritik am Handeln der israelischen Regierung Beifall von Antisemiten erhält. Das ist nicht nur verstörend, es ist infam. Denn die alten und neuen Nazis wollen mit ihrem zynischen Beifall nicht Völker- und Menschenrechte schützen, sondern ihre todbringende Ideologie stärken. Beifall von der falschen Seite muss zurückgewiesen werden. Doch einen Einfluss, über die Zulässigkeit politischer Debatten zu bestimmen, dürfen Nazis gerade in Deutschland nie wieder bekommen. Auch das gibt es: Reaktionäre Kräfte in Europa, rassistische, ausländerfeindliche, islamfeindliche Rechtspopulisten loben die Okkupationspolitik Israels und seinen Antiislamismus. Die Linke in Europa ist ständig damit konfrontiert, dass von rechtspopulistischer, rechtsextremistischer und sogar faschistischer Seite linke Auffassungen und Losungen in Beschlag genommen werden. Die Linke darf ihre Losungen, die sie als richtig erkannt hat, nicht verlassen, wenn Rechte sie kapern wollen. Vielmehr muss sie deren Verlogenheit aufdecken, indem sie ihre eigenen Positionen profiliert und ihre völlig anderen Begründungszusammenhänge klarstellt.

Völlig inakzeptabel ist schließlich, wenn berechtigte Kritik an israelischer Regierungspolitik als antisemitisch diffamiert wird. Das geschieht aber inzwischen ständig und andauernd. Seit den Anfängen neuer deutscher Antisemitismus-Kampagnen gegen links, verstärkt seit der Jahrtausendwende, wird Teilen der Linken und ganz besonders der Partei DIE LINKE einfach mal nebenher in großer

Selbstverständlichkeit Antisemitismus angehängt, als ob es gar nicht mehr erst belegt zu werden brauchte, sondern zum sicheren Alltagswissen gehöre. Hier einige wenige aus zighundert Beispielen: Im Morgenmagazin von *Deutschlandfunk* sagte Unionsfraktionschef Volker Kauder am 10. Dezember 2014, als die SPD Teil einer rot-rot-grünen Regierung in Thüringen wurde: »Es ist ja absurd, dass diejenigen, die mit einer Partei, die zum Teil antisemitische Tendenzen hat ... dass man der zum Erfolg verhilft und uns ermahnen will, dass wir nichts mit der AfD zu tun haben wollen.« Oder die *Süddeutsche* vom 13. November 2014 zur MdB der LINKEN Inge Höger einfach mal so, ohne Beleg: »Manche halten sie für eine linke Antisemitin, Höger bestreitet das ...«.[256] Den Beleg meint die *taz* in einem Kommentar am gleichen Tag zu liefern: »Höger trug schon mal ein Halstuch, auf dem eine Landkarte des Nahen Ostens gedruckt war – ohne Israel.«[257] Auch die ermüdende Wiederholung solcher Anwürfe ändert nichts daran: Der Staat Israel hat weder sein Staatsgebiet definiert, noch seine Grenzen festgelegt. Jenes inkriminierte Halstuch wird seit Jahrzehnten in Israel selbst verkauft und getragen. Ganz nebenher, auch hier wieder: Ohne eigenen Beleg, lediglich mit Verweis auf eine Rede Dieter Graumanns von vor drei Jahren, damals war dieser Präsident des Zentralrats der Juden in Deutschland, kommt der *taz*-Kommentator Pascal Beucker zu dem weitreichenden Schluss: »Eine Linke, die antisemitische und antiisraelische Ressentiments schürt, hört auf, links zu sein ... Obsessiver Hass und die Dämonisierung von Israel ... widersprechen einem emanzipatorischen Projekt.«[258]

---

256 Constanze von Bullion: Bis auf die Toilette. Zwei Israel-Kritiker stellen Linken-Fraktionschef Gysi im Bundestag nach, in: Süddeutsche Zeitung, 13.11.2014, S. 5.

257 Stefan Reinicke über die Israel-Kritiker in der Linkspartei: Selbstgerechte Fundis, in: taz, 13.11.2014, Kommentar S. 6.

258 Viel mehr als nur ein Zwischenfall. Kommentar von Pascal Beucker zum Israelstreit in der Linkspartei, in: taz, 18.11.2014, S. 15.

Wie können sich Linke
gegen derartige Angriffe schützen?

Sie können diese Angriffe Angriffe nennen und aufzeigen, wessen Interessen damit bedient werden.

Sie können – jeder und jede für sich und kollektiv – sich vor Instrumentalisierungen für ganz andere Interessen in Acht nehmen und sich ihnen verweigern. Sie müssen eine gründliche, aufrichtige Diskussion über die aktuellen Erscheinungsformen des realen Antisemitismus führen und sichtbar und mutig an antifaschistischen Aktionen teilnehmen oder sie initiieren. Sie müssen bei sich, in ihren eigenen Reihen und in ihrer Wählerschaft, prüfen, ob es antisemitische und andere menschenverachtende Vorurteile gibt, sie – sofern vorhanden – aufdecken, sich damit auseinander setzen, sie bekämpfen und das in die gesamte Gesellschaft hinein bringen. Nicht zuletzt aber dürfen sie sich nicht auf das schmutzige Spiel einlassen, unbewiesene und diffamierende Angriffe auf eigene Genossinnen und Genossen hinzunehmen, den Opfern ihre Solidarität zu verweigern oder die Attacken gar noch mitzumachen. Und vor allem müssen sie allen gegenteiligen Behauptungen zum Trotz immer wieder klarstellen: Antisemitismus und Antikapitalismus schließen sich aus wie Feuer und Wasser.

Der deutsche Faschismus hat furchtbare Verbrechen begangen, am jüdischen Volk, an Sinti und Roma, an den Völkern Osteuropas, an nahen und fernen Nachbarvölkern. Daraus ergibt sich eine besondere Verantwortung, gegen Antisemitismus, gegen jede Art von Rassismus, Unterdrückung und Krieg aktiv zu sein – und für Menschenrechte, Internationalismus, Humanismus und Frieden einzustehen. Wenn es die Regierung, wenn die Mehrheit der Bundestagsparteien das nicht oder unzureichend tun, dann übernimmt DIE LINKE diese Verpflichtung und sie befindet sich dabei in guter Gesellschaft: Seit 1945, der Gründung der Vereinten Nationen und der von ihnen geschaffenen internationalen Rechtsordnung, haben sich die UN-Mitgliedstaaten in Artikel 2, Abs. 4 ihrer Charta dazu verpflichten, in den internationalen Beziehungen »jede … Androhung oder Anwendung von Gewalt« zu unterlassen. Dass DIE LINKE den Krieg als Mittel der Politik grundsätzlich und konsequent ablehnt, hat sie für die Friedensbewegung, als deren Teil sie sich versteht, zugleich zu einem verlässlichen Bündnispartner gemacht. Dass die Friedensbewegung die Politik der LINKEN kritisch begleitet und mit ihrer Kritik bisweilen nicht zimperlich ist, ist ein Beweis für ein lebendiges Demokratieverständnis aller Beteiligten; das ist ein unverzichtbares Korrektiv und eine machtvolle Ressource in der Auseinandersetzung mit der sich immer aggressiver gebärdenden deutschen Außenpolitik.

Anhang

Aus dem Programm der Partei DIE LINKE[259]

Deutschland hat wegen der beispiellosen Verbrechen der Deutschen an den Jüdinnen und Juden während des deutschen Faschismus eine besondere Verantwortung und muss jeder Art von Antisemitismus, Rassismus, Unterdrückung und Krieg entgegentreten. Insbesondere diese Verantwortung verpflichtet auch uns, für das Existenzrecht Israels einzutreten. Zugleich stehen wir für eine friedliche Beilegung des Nahost-Konfliktes im Rahmen einer Zwei-Staaten-Lösung und damit die völkerrechtliche Anerkennung eines eigenständigen und lebensfähigen palästinensischen Staates auf der Basis der Resolutionen der Vereinten Nationen.

Position der Fraktion DIE LINKE zum Nahost-Konflikt
Beschluss vom 20. April 2010[260]

Für DIE LINKE gilt, dass Deutschland wegen der furchtbaren Verbrechen der Deutschen an den Jüdinnen und Juden während des Nationalsozialismus eine besondere Verantwortung gegenüber Israel und gegen jede Art von Antisemitismus, Rassismus, Unterdrückung und Krieg hat. Diese Verantwortung ist nicht relativierbar; sie schließt

---

259 www.die-linke.de/partei/dokumente/programm-der-partei-die-linke/i-woher-wir-kommen-wer-wir-sind/ [16.4.2015].

260 http://www.linksfraktion.de/positionspapiere/position-fraktion-linke-nahost-konflikt [16.4.2015].

das Bemühen um einen palästinensischen Staat und die Garantie des Existenzrechts Israels ein.

Wir sehen uns in einer Doppelverantwortung und sind mit den Menschen in Israel und Palästina solidarisch. Eine einseitige Parteinahme in diesem Konflikt wird nicht zu seiner Lösung beitragen.

Für uns ist der Maßstab das internationale Völker- und Menschenrecht, das für alle Staaten und Konfliktparteien zu gelten hat. Jegliche Gewaltanwendung der beteiligten Parteien wird von uns verurteilt.

Die umfangreichen finanziellen Unterstützungen der Bundesregierung und der Europäischen Union für die Palästinenser können dazu beitragen, die humanitäre Katastrophe im Gaza-Streifen und im Westjordanland abzufedern. Dennoch stellt die israelische Besatzung, die noch immer bestehende Abriegelung des Gaza-Streifens, die zu einem systematischen Mangel an Nahrungsmitteln, Brennstoffen und an elementaren technischen Mitteln führt, eine Kollektivstrafe für die 1,5 Millionen Menschen in Gaza dar, die das Völkerrecht ausdrücklich verbietet. Die Besatzung wird zwar mit diesem Geld erträglicher gemacht. Darin liegt jedoch ein grundsätzliches Dilemma: Humanitäre Hilfe ist notwendig, andererseits wird die Besatzung damit indirekt unterstützt. Es hat sich gezeigt, dass diese Geldzuwendungen einen politischen Prozess nicht ersetzen können. Es ist zu beklagen, dass die Bundesrepublik ebenso wie die anderen europäischen Staaten, die USA und die UNO Israel bei seinen fortgesetzten und anhaltenden Verstößen gegen das Völkerrecht und gegen das humanitäre Völkerrecht jahrzehntelang gewähren ließen. Aus dem jüngsten Krieg im Gaza-Streifen sind jetzt endlich die richtigen Schlüsse zu ziehen: Eine politische Wende ist erforderlich, um zu Frieden und Sicherheit zu gelangen.

Eine Lösung im israelisch-palästinensischen Konflikt ist nicht auf militärischem Wege zu erzielen, sondern nur durch ernsthafte und aufrichtige Verhandlungen zwischen allen Beteiligten, wie sie bisher trotz aller Konferenzaktivitäten nicht stattgefunden haben. Eine endgültige, gerechte und dauerhafte Lösung des israelisch-palästinensischen Konflikts wird nur erzielt werden, wenn die Zwei-Staaten-Lösung umgesetzt wird.

D. h.
- die Schaffung eines souveränen palästinensischen Staates mit völkerrechtlich verbindlichen, von allen Beteiligten anerkannten, sicheren Grenzen, mit einem zusammenhängenden Territorium im Westjordanland auf der Grundlage der Grenzen von 1967, dem Gaza-Streifen und Ostjerusalem als Hauptstadt, einschließlich der Möglichkeit eines einvernehmlichen Gebietsaustausches mit Israel. Ferner muss der palästinensische Staat über wirtschaftliche und soziale Lebensfähigkeit und über die Kontrolle der eigenen Ressourcen, wie Land und Wasser sowie frei zugängliche und sichere Verkehrswege zwischen dem Westjordanland und dem Gaza-Streifen verfügen und
- die Anerkennung eines sicheren Existenzrechts Israels und eines palästinensischen Staates von allen Beteiligten in völkerrechtlich verbindlich festgelegten sicheren Grenzen und
- eine umfassende Regelung für alle palästinensischen Flüchtlinge auf der Grundlage der Resolution Nr. 194 der UN-Generalversammlung oder/und den Vorschlägen der Genfer Initiative. Dabei muss ein Weg zwischen Rückkehr und Entschädigung gefunden werden.

Forderungen
Erste notwendige Schritte auf dem Weg zu einer friedlichen Lösung:
- der sofortige Stopp des Siedlungsbaus und der Landkonfiskation in den besetzten Gebieten einschließlich Ost-Jerusalems und seines Umlandes,
- das sofortige Ende des palästinensischen Raketenbeschusses auf israelisches Territorium und der israelischen militärischen Angriffe auf palästinensisches Gebiet,
- das Ende der Besatzungspolitik Israels, die Öffnung der Grenzen zum Gaza-Streifen und die Aufhebung der über 650 Checkpoints,
- die Beendigung des Mauerbaus auf palästinensischem Territorium und Abbau oder Rückbau auf israelisches Gebiet entsprechend dem Gutachten des Internationalen Gerichtshofes von 2004,

- die Freilassung der politischen Gefangenen auf beiden Seiten, was insbesondere die Freilassung des israelischen Soldaten Gilat Schalid, des palästinensischen Abgeordneten Marwan Barghuti sowie der anderen Mitglieder des palästinensischen Parlaments und der Mehrzahl der über 8.000 in israelischen Gefängnissen einsitzenden Palästinenser bedeutet,
- die Einbeziehung der Hamas in politische Gespräche und die Aufhebung ihres Boykotts,
- die internationale Untersuchung der Kriegsführung auf Verletzung des Völkerrechts im Gaza-Krieg.

Forderungen an die Bundesregierung
Wir fordern von der Bundesregierung eine sofortige und eindeutige Abkehr ihrer gescheiterten Politik im Nahost-Konflikt.

Die Fraktion DIE LINKE fordert die Bundesregierung nachdrücklich auf,
- sich in der EU und in der Zusammenarbeit mit Israel namentlich und vernehmlich für die Durchsetzung der Resolutionen des UNO-Sicherheitsrates einzusetzen
- sich bei Verstößen gegen das allgemeine Völkerrecht und gegen das humanitäre Völkerrecht – egal von welcher Seite – unmissverständlich auf die Seite des Völkerrechts zu stellen,
- die Beratung des Goldstone-Berichtes, der beiden Seiten Verstöße gegen die Menschenrechte im Gaza-Krieg vorhält, nicht zu blockieren,
- Israel und andere Staaten der Region nicht länger mit Waffen zu beliefern und politisch für einen atomwaffenfreien Nahen Osten sowie für die Nichtweiterverbreitung atomarer Waffen einzutreten,
- die in Kairo begonnenen Bemühungen um eine Aussöhnung der Palästinenser untereinander zu unterstützen und eine neu gebildete palästinensische Regierung, egal wie sie aussieht, zu akzeptieren,
- sich für die Zwei-Staaten-Lösung im oben genannten Sinne einzusetzen,
- sich innerhalb der EU dafür einzusetzen, dass die gegen den Gaza-Streifen verhängte Wirtschaftsblockade sofort aufgehoben wird,

- sich für die Aufhebung der Unterscheidung zwischen den Zonen A, B und C der Westbank und die sofortige Übergabe dieser Gebiete durch Israel an die Palästinensische Autonomiebehörde einzusetzen,
- sich in der EU für die Einhaltung des Assoziierungsabkommens zwischen der EU und Israel, insbesondere der Menschenrechtsklausel, einzusetzen und sich dazu zu verpflichten, bei Verletzungen entsprechende Maßnahmen, bis hin zur Aussetzung des Abkommens, anzumahnen. Eine Ausweitung der Beziehungen zwischen der EU und Israel muss genutzt werden, um die Achtung der Menschenrechte und des humanitären Völkerrechts, die Beendigung der humanitären Krise in Gaza und in den besetzten palästinensischen Gebieten, ein wirkliches Engagement für eine umfassende Friedensregelung sowie die uneingeschränkte Umsetzung des Interim-Assoziierungsabkommens zwischen der EU und der PLO durchzusetzen,
- eine Friedenskonferenz für den Nahen Osten nach dem Vorbild des KSZE-Friedensprozesses mit zu initiieren, an der alle Staaten und Konfliktparteien beteiligt werden, auch Libanon, Syrien und Iran,
- sich für eine Beendigung der Besetzung der völkerrechtlich zu Syrien gehörenden Golan-Höhen und der zum Libanon gehörenden Shebaa-Farmen einzusetzen und dazu direkte Verhandlungen Israels mit Syrien und dem Libanon zu befördern,
- ein deutsch-israelisch-palästinensisches Jugendwerk zur israelisch-palästinensischen Aussöhnung ins Leben zu rufen,
- ein Programm vorzulegen und zu finanzieren, welches die Umsetzung der UNO-Resolution 1325 im Verhandlungsprozess Israel – Palästina unterstützt,
- sich in der internationalen Staatengemeinschaft für eine dem Marshallplan ähnliche Initiative für den Wiederaufbau in Palästina einzusetzen,
- bei der Verhandlung mit der Hamas sich dafür einzusetzen, dass aus ihrer Charta die Punkte gestrichen werden, die das Existenzrecht Israels bestreiten bzw. in Zweifel ziehen.

VERLAGSANZEIGE

Daniel Cil Brecher

DER DAVID
Der Westen und
sein Traum von Israel

Paperback | 251 Seiten
ISBN 978-3-89438-468-5
€ 15,90 [D]

»Der David« steht für die idealisierten Israel-Bilder des Westens, hinter denen sich eigene Interessen und das Schicksal des palästinensischen Volkes leicht verbergen lassen. Daniel Cil Brecher skizziert diese Traumbilder und ihre politische Bedeutung an unterschiedlichen Beispielen: an den Geschichtsklitterungen, die über die Haltung der britischen Regierung 1917 gegenüber dem Zionismus und über die der USA 1947/48 gegenüber dem entstehenden Staat Israel verbreitet werden, ebenso wie an den »besonderen Beziehungen« der USA und der Bundesrepublik Deutschland zum jüdischen Staat.

»Ein kritisches Sachbuch, das gut erzählt und belegt ist und den aktuellen Diskurs über den Nahostkonflikt bereichern wird, weil es ausschließlich auf Fakten gründet.« (Wolfgang Benz)

»Ein fabelhafter Text, innovativ und angemessen kritisch-reflektiert«
(Moshe Zuckermann, Tel Aviv)

PapyRossa Verlag
Luxemburger Str. 202, 50937 Köln, Tel. (02 21) 44 85 45, Fax 44 43 05
mail@papyrossa.de – www.papyrossa.de

VERLAGSANZEIGE

Rolf Verleger

ISRAELS IRRWEG
Eine jüdische Sicht

3., erweiterte Auflage
Paperback | 210 Seiten
ISBN 978-3-89438-394-7
€ 14,90 [D]

»Das Judentum, meine Heimat, ist in die Hände von Leuten gefallen, denen Volk und Nation höhere Werte sind als Gerechtigkeit und Nächstenliebe.« Rolf Verleger möchte mit seinem Buch dazu beizutragen, dass sich dies ändert. Er beschreibt seine jüdischen Wurzeln als persönlichen Hintergrund und umreißt die Geschichte des Zionismus. Entschieden wendet er sich gegen den Vorwurf, Kritik an Israel habe von vornherein als antisemitisch zu gelten, und dokumentiert exemplarisch Auseinandersetzungen, die er darüber zu führen hatte.

»*Dieses Buch eignet sich hervorragend als Orientierungsrahmen für eine Debatte, in der die Schwarzweißmalerei überwiegt.*« (Neue Zürcher Zeitung)

»*Sein Ansatz schlägt Brücken zum palästinensischen Volk in einer Zeit, in der das bitter nötig ist. Und vielleicht erhalten sogar deutsche Politiker hier Anstöße für eine ausgewogene Nahostpolitik.*« (Süddeutsche Zeitung)

PapyRossa Verlag
Luxemburger Str. 202, 50937 Köln, Tel. (02 21) 44 85 45, Fax 44 43 05
mail@papyrossa.de – www.papyrossa.de

VERLAGSANZEIGE

Wolfgang Gehrcke
Jutta von Freyberg
Harri Grünberg

DIE DEUTSCHE LINKE, DER ZIONISMUS UND DER NAHOST-KONFLIKT
Eine notwendige Debatte

Paperback | 270 Seiten
ISBN 978-3-89438-410-4
€ 16,90 [D]

Ist Frieden zwischen Israel und den Palästinensern noch möglich? Wie kann der Nahost-Konflikt gelöst werden? Können die deutschen Linken einen positiven Beitrag dazu leisten? Ist die Solidarität mit allen Opfern obsolet? Die Autoren beschreiben die Wurzeln des Konflikts, seine Entstehung und Entwicklung im Lauf von mehr als 100 Jahren. Sie zeigen die verschiedenen Strömungen innerhalb des Zionismus auf und die Auseinandersetzungen in der deutschen Arbeiterbewegung mit dem Antisemitismus. Sie untersuchen die Begleiterscheinungen der Staatsgründung Israels im Kontext des deutschen Faschismus und des Holocaust sowie des beginnenden »Kalten Kriegs«. Sie diskutieren die Bedeutung von Begriffen wie Zionismus, Kolonialismus, Imperialismus und ihres jeweiligen Gegenparts: Antizionismus, Antikolonialismus und Antiimperialismus als Reizwörter der aktuellen Debatte. Die Autoren wollen einen Beitrag dazu leisten, dass Kenntnis und Erkenntnis an die Stelle von Bekenntnis treten.

PapyRossa Verlag

Luxemburger Str. 202, 50937 Köln, Tel. (02 21) 44 85 45, Fax 44 43 05
mail@papyrossa.de – www.papyrossa.de